Tout sur le Développement logiciel

CommentCaMarche.net

L'encyclopédie pratique de l'informatique

Jean-François Pillou

Tout sur le Développement logiciel

DUNOD

Je dédie toutes mes plus belles pensées pour Carine, la femme de ma vie, qui égaye mes journées tel un rayon de soleil et représente ma plus grande source d'inspiration !

Maquette de couverture : MATEO

ISBN 2 10 049655 7

Avant-propos 1

1. Généralités sur la programmation 3

Introduction à la programmation 3
Algorithme 4
Programme informatique 4
Langage informatique 5
Langages impératifs et fonctionnels 6
Interprétation et compilation 7
Exemples de langages 9

2. Codage de l'information 11

Codage binaire 11
> Bit 11
> Octet 13
> Opérations en binaire 15
> Codage hexadécimal 16
Représentation des nombres 17
> Représentation d'un entier naturel 17
> Représentation d'un entier relatif 17
> Représentation d'un nombre réel 18

Représentation des caractères 20
> Code Baudot 20
> Code ASCII 21
> Code EBCDIC 23
> Unicode 23
> Codage Quoted-Printable 23
> Codage Base64 24
> Codage BinHex 25
Contrôle d'erreurs 26
> Contrôle de parité 27
> Contrôle de redondance cyclique 29

3. Variables et opérateurs 31
Instructions 31
Variables 32
> Type de données 32
> Casse et syntaxe 32
> Mots réservés 33
> Constantes 33
Opérateurs 34
> Opérateurs de calcul 34
> Opérateurs d'affectation 35
> Opérateurs d'incrémentation 36
> Opérateurs de comparaison 36
> Opérateurs logiques (booléens) 37
> Opérateurs bit-à-bit 38
> Opérateurs de rotation de bit 39
> Opérateurs de manipulation de chaînes de caractères 40
Commentaires 40

4. Structures conditionnelles et boucles 41

Structures conditionnelles 41

> if 41

> if ... else 42

Structures de boucle 43

> for 43

> while 44

> Saut inconditionnel 44

> Arrêt inconditionnel 45

> switch...case 46

5. Structures de données 49

La notion de tableau 49

> Tableaux unidimensionnels 50

> Tableaux multidimensionnels 54

Structures de données 56

> Déclaration d'une structure 56

> Définition d'une variable structurée 58

> Accès aux champs d'une variable structurée 58

> Tableaux de structures 59

Pointeur 59

> Comprendre la notion d'adresse 60

> Déclaration d'un pointeur 61

> Accéder à une variable pointée 63

Chaîne de caractères 63

> Créer une chaîne de caractères 64

> Initialiser une chaîne de caractères 64

> Fonctions de manipulation de chaînes de caractères 65

Structures autoréferrentielles 65

> Liste chaînée 66

> Liste chaînée double 69

6. Fonctions et procédures 71

Déclaration de fonction 71
> Appel de fonction 72
> Prototype de fonction 73
> Arguments d'une fonction 73
> Valeur par défaut des arguments 74
> Renvoi d'une valeur par une fonction 74

Portée des variables 75

Surcharge de fonction 76

API 76

Entrées-sorties (fichiers) 77
> Répertoire 77
> Entrées-sorties standard 79
> Descripteur de fichier 79
> fopen() 80
> Lecture et écriture 81
> Tests de fichiers 83

Expressions régulières 84
> Construire une expression régulière 85
> Parenthèses capturantes 86
> Liste de caractères 87
> Caractères spéciaux 88

7. Programmation orientée objet 93

La notion d'objet 93

La notion de classe 94

Encapsulation 95
> Masquage des informations 95
> Protection des données membres 96

Héritage 99
> Hiérarchie des classes 100
> Héritage multiple 100

Polymorphisme 101
> Polymorphisme ad hoc 101
> Polymorphisme paramétrique 102
> Polymorphisme d'héritage 102
Constructeur 103
Destructeur 105

8. Modélisation objet (UML) 107

Méthodes objets 107
> Normalisation OMG 109
> Intérêt d'une méthode objet 109
UML 110
> UML est basé sur un métamodèle 110
> UML pour économiser de l'argent 111
Modélisation objet 112
> Attributs d'un objet 113
> Liens entre objets 114
> Modélisation d'une classe 115
> Visibilité des attributs 116
> Cas d'utilisation 117

9. Bases de données 119

Utilité d'une base de données 119
Gestion des bases de données 120
> Niveaux ANSI/SPARC 121
> Caractéristiques d'un SGBD 121
Modèles de bases de données 122
Modèle relationnel 124
> Notion de domaine 124
> Produit cartésien 124
> Modélisation relationnelle 124
> Opérations de base 125

10. Langage SQL 129

Typologie du langage 129
Accès à une base de données 130
Langage de manipulation de données 131
> Syntaxe de la commande SELECT 132
> Expression d'une projection 132
> Expression des restrictions 134
> Tri des résultats 137
> Regroupement de résultats 139
> Expression des jointures 140
> Expression des sous-requêtes 142
> Opérations ensemblistes 143
> Modification de données 144
Langage de définition de données 147
> Création de tables 147
> Types de données 147
> Expression de contraintes d'intégrité 148
> Définition de clés 150
> Création d'assertions 151
Vues 152
Notion d'index 153
Modification de table 154
> Suppression d'éléments 154
> Ajout de colonnes 154
> Modification de colonnes 155
> Suppression de colonnes 155
> Ajouter des commentaires à une table 155
> Renommer une table 156
Gestion des permissions 156
> Privilèges 157
> Droits 157

11. Modélisation de bases de données 159
Conception d'un système d'information 159
> Méthode MERISE 159
> Cycle d'abstraction de conception des systèmes d'information 160
Modèle conceptuel de la communication (MCC) 161
> Définition de l'organisation 161
> Diagramme de contexte 162
> Diagramme conceptuel de flux 163
> Contraintes sur rôles 163
> Contraintes sur relations 165
Modèle conceptuel des données (MCD) 167
> Entités et classe d'entité 167
> Relations et classes de relation 168
> Cardinalité 169
> Identifiant 170
> Agrégation 170
Modèle conceptuel des traitements (MCT) 171
> Événement, processus et synchronisation 172
> Modèle organisationnel des traitements (MOT) 172
> Modèle logique des données 173
> Modèle physique 174

12. Web services 175
Mécanisme des services web 176
Couches 176
> Invocation des services 177
> Découverte des services 178
> Description des services 178

Architecture orientée service 178
> Principes généraux d'une architecture orientée service 179
> Avantages d'une architecture orientée service 179

13. XML 181

Présentation 181
> Les avantages de XML 182
> Formats XML 182
> Décodage d'un document XML 183
Mise en pages XML 183
Structure d'un document XML 184
Déclaration de type de document (DTD) 185
> Déclarer un élément 186
> Déclarer des attributs 188
> Déclarer des entités 189
> Espaces de noms 192
XSL 192
> XSLT et XSL/FO 193
> Structure d'un document XSL 194
> Association d'une feuille XSL à un document XML 195
> Template rules (règles de gabarit) 195
> Éléments de transformation 198
Parser du XML 202
> DOM 203
> SAX 203

14. Génie logiciel 207

Cycle de vie d'un logiciel 208
Modèles de cycles de vie 209
> Modèle en cascade 209
> Modèle en V 210

Méthodes agiles 211
> Développement rapide d'applications (RAD) 211
> Dynamic Software Development Method (DSDM) 212
> Unified Process (UP) 212
> Rational Unified Process (RUP) 212
> eXtreme Programming (XP) 212
Design Patterns 213

15. Frameworks 215
Java Framework 215
J2EE 216
Framework .NET 218
> Langages 220
> Classes de la librairie objet 220

16. Gestion des accès concurrents (CVS) 223
Repository 223
Opérations CVS 224
> Checkout 224
> Commit 224
> Update 225
> Release 225
Client/serveur CVS 225

Index 227

Avant-propos

Autrefois réservée aux seuls développeurs, la programmation touche aujourd'hui le grand public. En effet, des bases en programmation sont nécessaires pour l'administration avancée de certains systèmes d'exploitation afin d'automatiser des tâches de gestion, pour le développement de sites web animés ou encore la création d'animations 2D ou 3D interactives.

L'objectif de cet ouvrage est de permettre à tous de comprendre ce qu'est le **développement logiciel**, d'acquérir le langage et les compétences pour s'initier à n'importe quel langage et d'être en mesure de choisir un langage de programmation convenant à des besoins particuliers.

Par ailleurs, pour les développeurs professionnels ou confirmés, cet ouvrage constitue un guide de bonnes pratiques pour le développement en équipe et pour l'élaboration d'un code structuré, commenté et sécurisé.

Généralités sur la programmation

Introduction à la programmation

L'objectif de la programmation est de fournir une solution informatique à un problème réel. La première étape du développement d'une application consiste donc à analyser le problème, c'est-à-dire à en cerner les limites et à le mettre en forme dans un langage descriptif, on parle généralement d'**analyse** pour décrire le processus par lequel un problème est formalisé. Le langage de description utilisé pour écrire le résultat de l'analyse est appelé **algorithme** Il s'agit de la description, dans un langage proche du langage naturel, compréhensible de tous, de l'ensemble des actions permettant de répondre au problème.

L'étape suivante consiste à traduire l'algorithme dans un **langage de programmation** spécifique, il s'agit de la phase de **programmation**. Le langage de programmation représente un langage intermédiaire entre l'humain et la machine, il permet d'écrire dans un langage proche de la machine, mais intelligible par l'humain, les opérations que l'ordinateur doit effectuer. Ainsi, étant donné que le langage de programmation est destiné à l'ordinateur, il doit donc respecter une syntaxe stricte. Un algorithme peut toutefois aboutir à plusieurs programmes informatiques.

Le programme informatique est ensuite transformé en **langage machine** lors d'une étape appelée **compilation**. La compilation est une phase réalisée par l'ordinateur lui-même grâce à un autre programme appelé **compilateur** (ou *interpréteur*). La phase suivante s'appelle l'**édition de liens**, elle consiste à lier le programme avec tous les éléments externes (généralement des librairies auxquelles il fait référence).

Algorithme

L'**algorithme** est un moyen pour le programmeur de présenter son approche du problème à d'autres personnes. En effet, un algorithme est l'énoncé dans un langage bien défini d'une suite d'opérations permettant de répondre au problème. Un algorithme doit donc être :

- **Lisible** : il doit être compréhensible même par un non-informaticien.
- **De haut niveau** : il doit pouvoir être traduit en n'importe quel langage de programmation, il ne doit donc pas faire appel à des notions techniques relatives à un programme particulier ou bien à un système d'exploitation donné.
- **Précis** : aucun élément de l'algorithme ne doit porter à confusion, il est donc important de lever toute ambiguïté.
- **Concis** : il ne doit pas dépasser une page. Si c'est le cas, il faut décomposer le problème en plusieurs sous-problèmes.
- **Structuré** : il doit être composé de différentes parties facilement identifiables.

Programme informatique

Un **programme informatique** est une succession d'instructions exécutable par l'ordinateur. Toutefois, l'ordinateur ne sait manipuler que du binaire, c'est-à-dire une succession de 0 et de 1. Il est donc nécessaire d'utiliser un langage de programmation pour écrire de façon lisible, avec des instructions compréhensibles par l'humain, les instructions à exécuter par l'ordinateur. Ces programmes sont ensuite traduits en **langage machine** (en binaire) par un outil appelé compilateur.

D'une façon générale, le programme est un simple fichier texte (écrit avec un traitement de texte ou un éditeur de texte), que l'on appelle **fichier source**.

Le fichier source contient les lignes de programmes que l'on appelle **code source**. Ce fichier source une fois terminé doit être compilé. La compilation se déroule en deux étapes :

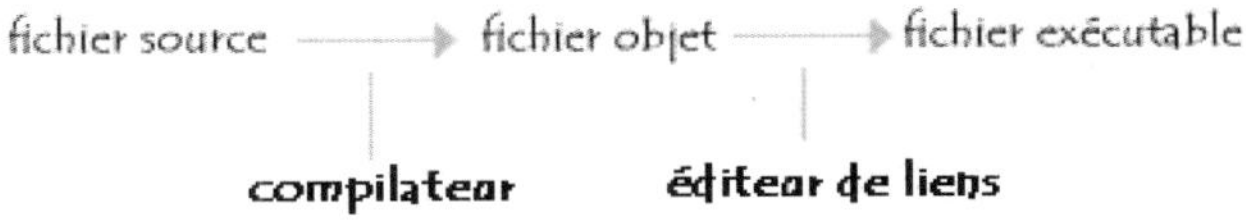

- Le compilateur transforme le code source en code objet, et le sauvegarde dans un **fichier objet**, c'est-à-dire qu'il traduit le fichier source en langage machine (certains compilateurs créent aussi un *fichier en assembleur*, un langage proche du langage machine car possédant des fonctions très simples, mais lisibles).
- Le compilateur fait ensuite appel à un **éditeur de liens** (*linker* ou *binder*) qui permet d'intégrer dans le fichier final tous les éléments annexes (fonctions ou librairies) auquel le programme fait référence mais qui ne sont pas stockés dans le fichier source. Puis il crée un **fichier exécutable** qui contient tout ce dont il a besoin pour fonctionner de façon autonome. Sous les systèmes d'exploitation Microsoft Windows ou MS-DOS le fichier ainsi créé possède l'extension **.exe**.

Langage informatique

On appelle **langage informatique** un langage destiné à décrire l'ensemble des actions consécutives qu'un ordinateur doit exécuter. Un langage informatique est ainsi une façon pratique pour les humains de formaliser les instructions que l'ordinateur doit exécuter.

Attention !

Un langage informatique est rigoureux : à CHAQUE instruction ne peut correspondre qu'UNE ET UNE SEULE action du processeur.

Le langage machine n'étant pas compréhensible par l'être humain, des langages intermédiaires, compréhensibles par l'homme, ont été mis au point. Le code écrit dans ce type de langage est transformé en langage machine pour être exploitable par le processeur.

Un langage informatique a donc plusieurs avantages :

- il est plus facilement compréhensible que le langage machine ;
- il permet une plus grande portabilité, c'est-à-dire une plus grande facilité d'adaptation sur des machines de types différents.

À savoir

La manière d'écrire un programme est intimement liée au langage de programmation car chaque langage possède sa propre syntaxe. De plus, à chaque langage de programmation correspond un compilateur.

Langages impératifs et fonctionnels

On distingue habituellement deux grandes familles de langages de programmation selon la manière dont les instructions sont traitées :

- **Les langages impératifs** : un langage impératif organise le programme sous forme d'une série d'instructions, regroupées par blocs et comprenant des sauts conditionnels permettant de revenir à un bloc d'instructions si la condition est réalisée. Il s'agit historiquement des premiers langages, même si de nombreux langages modernes utilisent toujours ce principe de fonctionnement. Les langages impératifs structurés souffrent néanmoins d'un manque de souplesse étant donné le caractère séquentiel des instructions.
- **Les langages fonctionnels** : un langage fonctionnel (parfois appelé *langage procédural*) est un langage dans lequel le programme est construit par fonctions, retournant un nouvel état en sortie et prenant en entrée la sortie d'autres fonctions. On parle de **récursivité** lorsque la fonction s'appelle elle-même.

Interprétation et compilation

Les langages informatiques peuvent grossièrement se classer en trois catégories : les langages interprétés, les langages compilés et les langages intermédiaires.

❑ Langage interprété

Un langage informatique est, par définition, différent du langage machine. Il faut donc le traduire pour le rendre intelligible du point de vue du processeur. Un programme écrit dans un **langage interprété** a besoin d'un programme auxiliaire (l'interpréteur) pour traduire au fur et à mesure les instructions du programme.

Un langage interprété, étant directement intelligible (lisible), il permet à n'importe qui de connaître les secrets de fabrication d'un programme et donc de copier le code (voire de le modifier). Il y a un risque de non-respect des droits d'auteur.

❑ Langage compilé

Un programme écrit dans un **langage** dit **compilé** va être traduit une fois pour toutes par un programme annexe (le compilateur) afin de générer un nouveau fichier qui sera autonome, c'est-à-dire qu'il n'aura plus besoin d'un programme pour s'exécuter. Un programme écrit dans un langage compilé n'a plus besoin, une fois compilé, de programme annexe pour s'exécuter. On dit d'ailleurs que ce fichier est **exécutable**. La traduction étant faite une fois pour toutes, il est plus rapide à l'exécution.

Toutefois, il est moins souple qu'un programme écrit avec un langage interprété car à chaque modification du fichier source (fichier intelligible par l'homme : celui qui va être compilé) il faudra recompiler le programme pour que les modifications prennent effet.

Un programme compilé a pour avantage de garantir la **sécurité du code source** car il n'est pas directement intelligible (lisible).

❑ Langages intermédiaires

Certains langages appartiennent en quelque sorte aux deux catégories (LISP, Java, Python...) car le programme écrit avec ces langages peut dans certaines conditions subir une phase de **compilation intermédiaire** vers un fichier écrit dans un langage qui n'est pas intelligible (donc différent du fichier source) et non exécutable (nécessité d'un interpréteur).

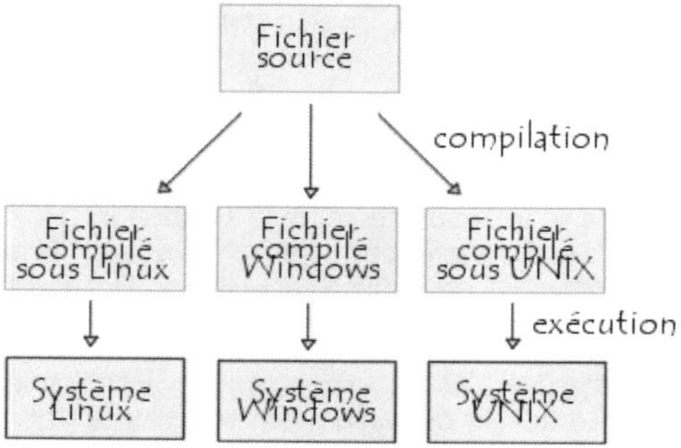

Par exemple, dans le cas du langage Java, le code source est compilé en un langage intermédiaire, appelé **pseudo-code** ou **bytecode**, dans un fichier portant le même nom que le fichier source à l'exception de son extension (.class).

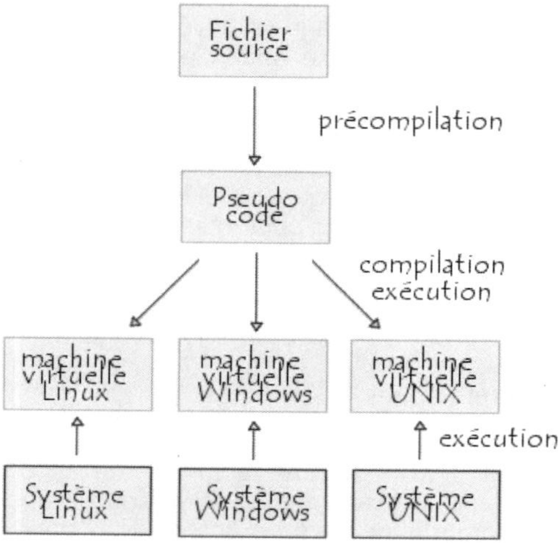

Cette caractéristique appelée **portabilité** est majeure, car elle permet à un programme écrit en Java de ne pas dépendre d'une plate-forme d'exécution (système d'exploitation particulier, processeur particulier, etc.).

En réalité, le code intermédiaire n'est exécutable sur aucune plate-forme sans la présence d'une **machine virtuelle**, un interpréteur fonctionnant sur une plate-forme donnée et capable d'interpréter le code intermédiaire à la volée.

Exemples de langages

Voici une liste non exhaustive de langages informatiques et de leurs caractéristiques principales :

Langage	Domaine d'application principal	Compilé/interprété
Ada	Programmation de système fonctionnant en temps réel	Langage compilé
Basic	Programmation basique à but éducatif	Langage interprété
C	Programmation système	Langage compilé
C++	Programmation système objet	Langage compilé
Cobol	Gestion	Langage compilé
Fortran	Calcul mathématique	Langage compilé
Java	Programmation orientée Internet	Langage intermédiaire
Matlab	Calcul mathématique et modélisation graphique	Langage interprété
Mathematica	Calcul mathématique et modélisation graphique	Langage interprété
Lisp	Intelligence artificielle	Langage intermédiaire
Pascal	Enseignement	Langage compilé
PHP	Développement de sites web dynamiques	Langage interprété
Prolog	Intelligence artificielle	Langage interprété
Perl	Traitement de chaînes de caractères	Langage interprété

Chapitre 2

Codage de l'information

Codage binaire

L'homme calcule depuis 2 000 ans avant Jésus Christ avec 10 chiffres (0, 1, 2, 3, 4, 5, 6, 7, 8, 9), on parle de base décimale (ou base 10).

Vers la fin des années 30, Claude SHANNON démontra qu'à l'aide de « contacteurs » (interrupteurs) fermés pour « vrai » et ouverts pour « faux » il était possible d'effectuer des opérations logiques en associant le nombre 1 pour « vrai » et 0 pour « faux ».

Ce codage de l'information est nommé **base binaire** et l'unité utilisée est appelée **bit**. C'est avec ce codage que fonctionnent les ordinateurs. Il consiste à utiliser deux états (représentés par les chiffres 0 et 1) pour coder les informations.

Bit

❏ Définition

bit (*b* avec une minuscule dans les notations) signifie **binary digit**, c'est-à-dire 0 ou 1 en numérotation binaire. Il s'agit de la plus petite unité d'information manipulable par une machine numérique. Il est possible de représenter physiquement cette information binaire :

- par un signal électrique ou magnétique, qui, au-delà d'un certain seuil, correspond à la valeur 1 ;
- par des aspérités géométriques dans une surface ;

- grâce à des bistables, c'est-à-dire des composants électroniques qui ont deux états d'équilibre (l'un correspond à l'état 1, l'autre à 0).

Avec un bit il est possible d'obtenir deux états : soit 1, soit 0. Grâce à 2 bits, il est possible d'obtenir quatre états différents (2*2) : 00, 01, 10 et 11. Avec 3 bits, il est possible d'obtenir huit états différents (2*2*2) :

Valeur binaire sur 3 bits	Valeur décimale
000	0
001	1
010	2
011	3
100	4
101	5
110	6
111	7

Pour un groupe de n bits, il est possible de représenter 2^n valeurs.

❏ Poids des bits

Dans un nombre binaire, la valeur d'un bit, appelée **poids**, dépend de la position du bit en partant de la droite. À la manière des dizaines, des centaines et des milliers pour un nombre décimal, le poids d'un bit croît d'une puissance de deux en allant de la droite vers la gauche comme le montre le tableau suivant :

Nombre binaire	1	1	1	1	1	1	1	1
Poids	$2^7 = 128$	$2^6 = 64$	$2^5 = 32$	$2^4 = 16$	$2^3 = 8$	$2^2 = 4$	$2^1 = 2$	$2^0 = 1$

Pour convertir un mot binaire en nombre décimal, il suffit de multiplier la valeur de chaque bit par son poids, puis d'additionner chaque résultat. Ainsi, le mot binaire 0101 vaut en décimal :

$$2^3 \times 0 + 2^2 \times 1 + 2^1 \times 0 + 2^0 \times 1 = 8 \times 0 + 4 \times 1 + 2 \times 0 + 1 \times 1 = 5$$

Octet

L'**octet** (*byte* ou *B* dans les notations) est une unité d'information composée de 8 bits. Il permet par exemple de stocker un caractère, tel qu'une lettre ou un chiffre.

Ce regroupement de nombres par série de 8 permet une lisibilité plus grande, au même titre que l'on apprécie, en base décimale, de regrouper les nombres par trois pour pouvoir distinguer les milliers. Le nombre « 1 256 245 » est par exemple plus lisible que « 1256245 ».

Une unité d'information composée de 16 bits est généralement appelée **mot** (*word*). Une unité d'information de 32 bits de longueur est appelée **mot double** (*double word*, d'où l'appellation *dword*).

Pour un octet, le plus petit nombre est 0 (représenté par huit zéros 00000000), et le plus grand est 255 (représenté par huit chiffres « un » 11111111), nous avons donc 256 possibilités de valeurs différentes.

2^7 =128	2^6 =64	2^5 =32	2^4 =16	2^3 =8	2^2 =4	2^1 =2	2^0 =1
0	0	0	0	0	0	0	0
1	1	1	1	1	1	1	1

Longtemps l'informatique s'est singularisée par l'utilisation de valeurs non conventionnelles pour les unités du système international. Beaucoup d'informaticiens ont appris que 1 kilo-octet valait 1 024 octets. Cependant depuis décembre 1998, l'organisme international IEC[1] (*International Electrotechnical Commission* ou CEI, *Commission Electronique Internationale*) a statué sur la question. Voici donc les unités standardisées :

- un kilo-octet (ko ou kB) = 1 000 octets ;
- un méga-octet (Mo ou MB) = 1 000 ko = 1 000 000 octets ;
- un giga-octet (Go ou GB) = 1 000 Mo = 1 000 000 000 octets ;
- un téra-octet (To) =
  1 000 Go = 1 000 000 000 000 octets.

1. www.iec.ch

Attention !

De nombreux logiciels (parfois même certains systèmes d'exploitation) utilisent toujours la notation antérieure à 1998 pour laquelle :

- un kilo-octet (Ko) = 210 octets = 1 024 octets ;
- un méga-octet (Mo) = 220 octets = 1 024 Ko = 1 048 576 octets ;
- n giga-octet (Go) = 230 octets = 1 024 Mo = 1 073 741 824.

L'IEC a également défini le kilobinaire (kibi), le mégabinaire (mébi), le gigabinaire (gibi), le térabinaire (tébi).

Voici leurs définitions :

- un kibi-octet (Kio ou KiB) vaut 2^{10} = 1 024 octets ;
- un mébi-octet (Mio ou MiB) vaut 2^{20} = 1 048 576 octets ;
- un gibi-octet (Gio ou GiB) vaut 2^{30} = 1 073 741 824 octets ;
- un tébi-octet (Tio ou TiB) vaut 2^{40} = 1 099 511 627 776 octets.

Il est également utile de noter que la communauté internationale dans son ensemble utilise préférentiellement le nom de **byte** plutôt que le terme **octet** purement francophone. Cela donne les notations suivantes pour kilobyte, mégabyte, gigabyte et térabyte : kB, MB, GB, TB.

Attention !

Notez l'utilisation d'un *B* majuscule pour différencier *Byte* et *bit*.

Voici une capture d'écran du logiciel *HTTrack*, l'aspirateur de sites le plus populaire, montrant l'utilisation de cette notation :

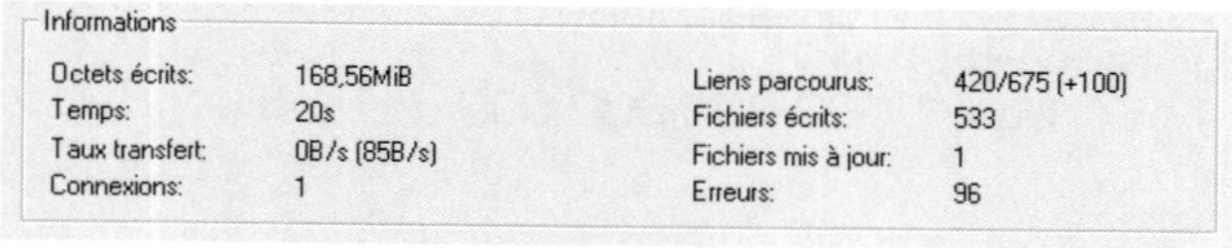

Opérations en binaire

❏ L'addition en binaire

L'**addition en binaire** se fait avec les mêmes règles qu'en décimale : on commence à additionner les **bits de poids faible** (les bits de droite) puis on a des retenues lorsque la somme de deux bits de même poids dépasse la valeur de l'unité la plus grande (dans le cas du binaire : 1), cette retenue est reportée sur le **bit de poids plus fort** suivant...

```
 01101
+01110
- - - -
 11011
```

À savoir

Une soustraction est une addition entre un nombre positif et un nombre négatif.

❏ La multiplication en binaire

La table de **multiplication** en binaire est très simple :

- $0 \times 0 = 0$
- $0 \times 1 = 0$
- $1 \times 0 = 0$
- $1 \times 1 = 1$

Dans une multiplication de deux nombres (facteurs), le premier facteur est appelé **multiplicande**. La multiplication se fait en formant un produit partiel pour chaque digit du multiplicateur (seuls les bits non nuls donneront un résultat non nul). Lorsque le bit du multiplicateur est nul, le produit partiel est nul, lorsqu'il vaut un, le produit partiel est constitué du multiplicande décalé du nombre de positions égal au poids du bit du multiplicateur.

```
  010 1 multiplicande
x 001 0 multiplicateur
- - - -
```

```
   000 0
  0101
 0000
 - - - -
  0101 0
```

Codage hexadécimal

Les nombres binaires étant de plus en plus longs, il a fallu introduire une nouvelle base : la **base hexadécimale**. La base hexadécimale consiste à compter sur une base 16 : au-delà des 10 premiers chiffres on ajoute les six premières lettres soit 0, 1, 2, 3, 4, 5, 6, 7, 8, 9, A, B, C, D, E, F.

Base décimale	0	1	2	3	4	5	6	7
Base hexadécimale	0	1	2	3	4	5	6	7
Base binaire	0000	0001	0010	0011	0100	0101	0110	0111
Base décimale	8	9	10	11	12	13	14	15
Base hexadécimale	8	9	A	B	C	D	E	F
Base binaire	1000	1001	1010	1011	1100	1101	1110	1111

Exemple

Le nombre 27 (en base 10) vaut en base 16 :

$1*16^1 + 11*16^0 = 1*16^1 + B*16^0 = 1B$

Le nombre FB3 (en base 16) vaut en base 10 :

$F*16^2 + B*16^1 + 3*16^0 = 3840 + 176 + 3 = 4019$

Pour convertir un octet en hexadécimal, il suffit de le partager en deux groupes de 4 bits, qui correspondent chacun à un chiffre hexadécimal :

2	A	D	5
0010	1010	1101	0101

Représentation des nombres

On appelle **représentation d'un nombre** (ou *codification*) la représentation binaire du nombre. La représentation des nombres sur un ordinateur est indispensable pour que celui-ci puisse les stocker, les manipuler.

Néanmoins, un nombre mathématique peut être infini (aussi grand que possible), or la représentation d'un nombre dans un ordinateur doit être faite sur un nombre de bits prédéfini.

Il s'agit donc de prédéfinir un nombre de bits et la manière de les utiliser pour que ceux-ci servent le plus efficacement possible à représenter l'entité : il serait par exemple superflu de coder un caractère alphabétique sur 16 bits (65 536 possibilités) alors qu'il n'existe que 26 lettres dans l'alphabet.

Représentation d'un entier naturel

Un **entier naturel** est un entier positif ou nul. Le choix à faire (c'est-à-dire le nombre de bits à utiliser) dépend de la fourchette des nombres que l'on désire utiliser. Pour coder des nombres entiers naturels compris entre 0 et 255, il nous suffira de 8 bits (un octet) car $2^8 = 256$. D'une manière générale un codage sur *n* bits pourra permettre de représenter des nombres entiers naturels compris entre 0 et $2^n - 1$.

Pour représenter un nombre entier naturel après avoir défini le nombre de bits sur lequel on le code, il suffit de ranger chaque bit dans la cellule binaire correspondant à son poids binaire de la droite vers la gauche, puis on « remplit » les bits non utilisés par des zéros.

Représentation d'un entier relatif

Un **entier relatif** est un entier pouvant être négatif. Il faut donc coder le nombre de telle façon que l'on puisse savoir s'il s'agit d'un nombre positif ou d'un nombre négatif, et il faut de plus que les règles d'addition soient conservées. L'astuce consiste à utiliser un codage que l'on appelle **complément à deux** :

- **Un entier relatif positif ou nul** sera représenté en binaire (base 2) comme un entier naturel, à la seule différence que le bit de poids fort (le bit situé à l'extrême gauche) représente le signe. Il faut donc s'assurer pour un entier positif ou nul qu'il est à zéro (0 correspond à un signe positif, 1 à un signe négatif). Ainsi, si on code un entier naturel sur 4 bits, le nombre le plus grand sera 0111 (c'est-à-dire 7 en base décimale). D'une manière générale le plus grand entier relatif positif codé sur n bits sera $2^{n-1} - 1$.

- **Un entier relatif négatif** sera représenté grâce au codage en complément à deux. On prend l'opposé de cet entier (son équivalent en positif), on le représente en base 2 sur $n - 1$ bits puis on complémente chaque bit (remplacer les zéros par des 1 et *vice versa*) et on ajoute 1. Il est intéressant de remarquer que la somme d'un nombre et de son complément à deux donne 0 !

Exemple

Pour coder la valeur -5 sur 8 bits, il suffit :

- d'écrire 5 en binaire : 00000101
- de complémenter à 1 : 11111010
- d'ajouter 1 : 11111011

la représentation binaire de -5 sur 8 bits est 11111011

Remarque : le bit de poids fort est 1, on a donc bien un nombre négatif. Si on ajoute 5 et -5 (00000101 et 11111011) on obtient 0 (avec une retenue de 1...).

Représentation d'un nombre réel

Il s'agit d'aller représenter un **nombre binaire à virgule** sous la forme `1,xxxxx * 2`^{n}.

Exemple

101,01 ne se lit pas *cent un virgule zéro un* puisque c'est un nombre binaire mais *5,25* en décimale, c'est-à-dire $1{,}0101 * 2^2$.

La norme IEEE définit la façon de coder un **nombre réel**. Cette norme se propose de coder le nombre sur 32 bits et définit trois composantes :

- le signe, représenté par un seul bit, le bit de poids fort (celui le plus à gauche) ;

- l'exposant, codé sur les 8 bits consécutifs au signe ;
- la **mantisse** (les bits situés après la virgule) sur les 23 bits restants.

Ainsi le codage se fait sous la forme suivante :

```
seeeeeeeemmmmmmmmmmmmmmmmmmmmmmm
```

- le **s** représente le bit relatif au signe ;
- les **e** représentent les bits relatifs à l'exposant ;
- les **m** représentent les bits relatifs à la mantisse.

Certaines conditions sont toutefois à respecter pour les exposants :

- L'exposant 00000000 est interdit ;
- L'exposant 11111111 est interdit, on s'en sert toutefois pour signaler des erreurs, on appelle alors cette configuration du nombre **NaN** (*Not a number*).
- Il faut rajouter 127 (01111111) à l'exposant pour une conversion de décimal vers un nombre réel binaire. Les exposants peuvent ainsi aller de -254 à 255.

La formule d'expression des nombres réels est ainsi la suivante :

```
(-1)^S * 2^( E - 127 ) * ( 1 + F )
```

- S est le bit de signe et l'on comprend alors pourquoi 0 est positif (-1^0=1).
- E est l'exposant auquel on doit bien ajouter 127 pour obtenir son équivalent codé.
- F est la partie fractionnaire, la seule que l'on exprime et qui est ajoutée à 1 pour effectuer le calcul.

Exemple

Codage de la valeur 525,5 :

- 525,5 est positif donc le 1er bit sera 0.
- Sa représentation en base 2 est 1000001101,1.
- En normalisant, on trouve : 1,0000011011*2^9
- On ajoute 127 à l'exposant qui vaut 9 ce qui donne 136, soit en base 2 : 10001000.
- La mantisse est composée de la partie décimale de 525,5 en base 2 normalisée, c'est-à-dire 0000011011. Comme

elle doit occuper 23 bits, il est nécessaire d'ajouter des zéros pour la compléter : 00000110110000000000000

La représentation du nombre 525,5 en binaire avec la norme IEEE est donc :

0 1000 1000 00000110110000000000000

0100 0100 0000 0011 0110 0000 0000 0000

(4403600 en hexadécimal)

Codage de la valeur -0,625 :

- Le bit S vaut 1 car 0,625 est négatif.
- 0,625 s'écrit en base 2 de la façon suivante : 0,101.
- On souhaite l'écrire sous la forme 1.01 x 2-1. Par conséquent l'exposant vaut 1111110 car 127 - 1 = 126 (soit 1111110 en binaire).
- La mantisse est 0100000000000000000000 (seuls les chiffres après la virgule sont représentés, le nombre entier étant toujours égal à 1).

La représentation du nombre 0,625 en binaire avec la norme IEEE est :

11111 1110 0100000000000000000000

1111 1111 0010 0000 0000 0000 0000 0000

(FF 20 00 00 en hexadécimal)

Représentation des caractères

Le **morse**, mis au point par Samuel F. B. Morse en 1844, a été le premier codage à permettre une **communication textuelle** longue distance. Ce code est composé de points et de tirets (un codage binaire en quelque sorte).

Code Baudot

Parmi les premiers codages des caractères inventés figure le code d'Émile Baudot (appelé **code Baudot** en France et **Murray Code** par les Anglais) permettant de coder des caractères avec des 0 et des 1 pour une transmission sur une ligne télégraphique.

Le 10 mars 1876, le Dr Graham Bell met au point le téléphone, une invention révolutionnaire qui permet de faire circuler de l'information vocale dans des lignes métalliques. Ces lignes permirent l'essor des téléscripteurs, des machines permettant de coder et décoder des caractères grâce au code Baudot (les caractères étaient alors codés sur 5 bits, il y avait donc 32 caractères uniquement).

Code ASCII

Dans les années 1960, le code ASCII est adopté comme standard, permettant le codage de caractères sur 8 bits, soit 256 caractères possibles. La mémoire de l'ordinateur conserve toutes les données sous forme numérique, or il n'existe pas de méthode pour stocker directement les caractères. Le **code ASCII** (*American Standard Code for Information Interchange* traduisez *code américain standard pour l'échange d'informations*) propose donc d'associer à chaque caractère son équivalent en code numérique. Le code ASCII de base représentait les caractères sur 7 bits, c'est-à-dire 128 caractères possibles de 0 à 127 :

- Les codes 0 à 31 ne sont pas des caractères : on les appelle **caractères de contrôle** car ils permettent de faire des actions telles que retour à la ligne (CR), bip sonore (BEL)...
- Les codes 65 à 90 représentent les **majuscules**.
- Les codes 97 à 122 représentent les **minuscules**.
- Les autres caractères représentent des **caractères de ponctuation.**

À savoir

Il suffit de modifier le 6e bit pour passer de majuscules à minuscules, c'est-à-dire ajouter 32 au code ASCII en base décimale.

❑ Table des caractères ASCII étendue

Le code ASCII ayant été mis au point pour la langue anglaise, il ne contenait donc pas de caractères accentués, ni de caractères spécifiques à une langue. Pour coder ce type de caractère, il fallut recourir à un autre code, le **code ASCII étendu**, proposant de coder les caractères sur 8 bits (un octet).

Le code ASCII[1] étendu attribue les valeurs 0 à 255 aux lettres majuscules et minuscules, aux chiffres, aux marques de ponctuation et aux autres symboles (caractères accentués dans le cas du code *iso-latin1*).

Attention !

Le code ASCII étendu n'est pas unique et dépend fortement de la plate-forme utilisée.

Les deux jeux de caractères ASCII étendus les plus couramment utilisés sont :

- Le **code ASCII étendu OEM**, c'est-à-dire celui qui équipait les premières machines de type IBM PC.

	0	1	2	3	4	5	6	7	8	9	A	B	C	D	E	F
8	Ç	ü	é	â	ä	à	å	ç	ê	ë	è	ï	î	ì	Ä	Å
9	É	æ	Æ	ô	ö	ò	û	ù	ÿ	Ö	Ü	¢	£	¥	₧	ƒ
A	á	í	ó	ú	ñ	Ñ	ª	º	¿	⌐	¬	½	¼	¡	«	»
B	░	▒	▓	│	┤	╡	╢	╖	╕	╣	║	╗	╝	╜	╛	┐
C	└	┴	┬	├	─	┼	╞	╟	╚	╔	╩	╦	╠	═	╬	╧
D	╨	╤	╥	╙	╘	╒	╓	╫	╪	┘	┌	█	▄	▌	▐	▀
E	α	β	Γ	π	Σ	σ	µ	τ	Φ	Θ	Ω	δ	∞	φ	∈	∩
F	≡	±	≥	≤	⌠	⌡	÷	≈	°	∙	·	√	ⁿ	²	■	

- Le **code ASCII étendu ANSI**, utilisé par les systèmes d'exploitation récents.

	0	1	2	3	4	5	6	7	8	9	A	B	C	D	E	F
8	□	□	‚	ƒ	„	…	†	‡	ˆ	‰	Š	‹	Œ	□	□	□
9	□	‘	’	“	”	•	–	—	˜	™	š	›	œ	□	□	Ÿ
A		¡	¢	£	¤	¥	¦	§	¨	©	ª	«	¬	-	®	¯
B	°	±	²	³	´	µ	¶	·	¸	¹	º	»	¼	½	¾	¿
C	À	Á	Â	Ã	Ä	Å	Æ	Ç	È	É	Ê	Ë	Ì	Í	Î	Ï
D	Ð	Ñ	Ò	Ó	Ô	Õ	Ö	×	Ø	Ù	Ú	Û	Ü	Ý	Þ	ß
E	à	á	â	ã	ä	å	æ	ç	è	é	ê	ë	ì	í	î	ï
F	ð	ñ	ò	ó	ô	õ	ö	÷	ø	ù	ú	û	ü	ý	þ	ÿ

1. Retrouvez la table des caractères ASCII sur *www.commentcamarche.net.*

Code EBCDIC

Le **code EBCDIC** (*Extended Binary-Coded Decimal Interchange Code*), développé par IBM, permet de coder des caractères sur 8 bits. Bien que largement répandu sur les machines IBM, il n'a pas eu le succès qu'a connu le code ASCII.

Unicode

Le code **Unicode**[1] est un système de codage des caractères sur 16 bits mis au point en 1991. Le système Unicode permet de représenter n'importe quel caractère par un code sur 16 bits, indépendamment de tout système d'exploitation ou langage de programmation.

Il regroupe ainsi la quasi-totalité des alphabets existants (arabe, arménien, cyrillique, grec, hébreu, latin...) et est compatible avec le code ASCII.

Codage Quoted-Printable

Le **codage Quoted-Printable** (QP) consiste à utiliser un code US-ASCII sur 7 bits (texte non accentué) pour coder un texte utilisant un alphabet de caractères 8 bits (texte accentué), tel que l'alphabet français ISO-Latin-1.

Avec le codage Quoted-printable, les caractères standards, dont le code ASCII est compris entre 33 à 127 (à l'exception du caractère = possédant le code 61), sont codés en utilisant le code US-ASCII 7 bits.

Seuls les caractères spéciaux ou accentués codés sur 8 bits (à, é, è, ç, etc.) sont codés à l'aide du caractère =, suivi du code hexadécimal sur deux caractères. Le tableau suivant présente le codage Quoted-Printable pour des caractères accentués courants :

1. L'ensemble des codes Unicode est disponible sur le site *www.unicode.org*.

Caractère	Codage QP	Caractère	Codage QP
Espace	_	=	=3D
"	=22	>	=3E
#	=23	?	=3F
%	=25	@	=40
&	=26	[	=5B
(	=28	\	=5C
)	=29	]	=5D
,	=2C	^	=5E
.	=2E	'	=27
/	/	{	=7B
:	=3A	|	=7C
;	=3B	}	=7D
<	=3C	~	=7E

Selon le codage Quoted-Printable, chaque ligne doit être découpée en segment d'une longueur maximale de 76 caractères.

Codage Base64

Le principe du codage **Base 64** consiste à utiliser des caractères US-ASCII (caractères non accentués) pour coder tout type de données codé sur 8 bits.

Les protocoles de courrier électronique ont en effet été prévus à l'origine pour transporter des messages en texte seulement. Or, étant donné la diversité des systèmes de courrier électronique, l'échange de données binaires se traduit la plupart du temps par des transformations du contenu rendant illisible le document original.

Le **format Base64**, utilisé massivement dans les échanges de courrier électronique, permet ainsi de transmettre n'importe quel document binaire (application, vidéo, fichier audio, etc.) en pièce jointe d'un courrier électronique en les codant à l'aide de caractères classiques.

Le codage Base64 provoque une augmentation globale de 33 % du volume des données à encoder.

Le principe du codage Base64 consiste à utiliser quatre caractères imprimables (au format US-ASCII) pour coder un groupe de 3 octets quelconques (3*8 bits = 24 bits).

Le codage Base64 utilise un alphabet de 64 caractères imprimables classiques pour représenter une donnée de 6 bits. Les 64 symboles de cet alphabet sont choisis pour être universellement lisibles et pour ne pas posséder de signification dans les principaux protocoles de messagerie (en particulier SMTP).

```
ABCDEFGHIJKLMNOPQRSTUVWXYZ
abcdefghijklmnopqrstuvwxyz
123456789+/.
```

En parcourant les données binaires de gauche à droite, des groupes de 24 bits sont créés en concaténant des blocs de 3 données de 8 bits. Chaque groupe de 24 bits est ensuite divisé en 4 groupes de 6 bits, correspondant à 4 caractères de l'alphabet Base64.

L'encodage Base64 est prévu pour des données formant un multiple de 24 bits. Ainsi, si le volume des données à coder ne forme pas un multiple de 24 bits, le résultat du codage Base64 doit être complété par 0 à 3 caractères « = » afin d'obtenir un multiple de 24 bits. Ce 65e caractère ne peut ainsi être présent qu'à la fin des données encodées.

Par ailleurs, afin de garantir une compatibilité avec l'ensemble des systèmes de messagerie, les données Base64 sont formatées avec des retours à la ligne afin que chaque ligne ne dépasse pas 76 caractères.

Codage BinHex

Le **codage BinHex** (contraction de *Binary-to-Hexadecimal*) est un algorithme propriétaire de Apple permettant de convertir des données binaires codées sur 8 bits en un format de codage sur 7 bits. Le codage BinHex, prévu pour les systèmes Macintosh permet de conserver les attributs de fichier et intègre un système de contrôle d'erreurs.

Grâce au format BinHex, il est possible de transférer un fichier binaire (image, vidéo, fichier bureautique, application, etc.) d'un système à un autre, à travers un réseau informatique quelconque (notamment *via* un courrier électronique), sans risquer de le détériorer.

Pour pouvoir être utilisé, le fichier devra toutefois être décodé préalablement.

Un fichier au **format BinHex** comporte généralement l'extension .HQX, mais il arrive qu'il ne comporte aucune extension. Un tel fichier comporte la première ligne suivante, lisible avec un logiciel de traitement de texte quelconque :

```
(This file must be converted with BinHex 4.0)
```

ou

```
(This file must be converted with BinHex 5.0)
```

Contrôle d'erreurs

Le codage binaire est très pratique pour une utilisation dans des appareils électroniques tels qu'un ordinateur, dans lesquels l'information peut être codée grâce à la présence ou non d'un signal électrique.

Cependant, le signal électrique peut subir des perturbations (distorsion, présence de bruit), notamment lors du transport des données sur un long trajet. Ainsi, le **contrôle de la validité des données** est nécessaire pour certaines applications (professionnelles, bancaires, industrielles, confidentielles, relatives à la sécurité...).

C'est pourquoi il existe des mécanismes permettant de garantir un certain niveau d'**intégrité** des données, c'est-à-dire de fournir au destinataire une assurance que les données reçues sont bien similaires aux données émises. La protection contre les erreurs peut se faire de deux façons :

- soit en fiabilisant le support de transmission, c'est-à-dire en se basant sur une protection **physique**. Une liaison conventionnelle a généralement un taux d'erreur compris entre 10^{-5} et 10^{-7}.

- soit en mettant en place des mécanismes **logiques** de détection et de correction des erreurs.
- La plupart des systèmes de contrôle d'erreur au niveau logique sont basés sur un ajout d'information, on parle de **redondance**, permettant de vérifier la validité des données. On appelle **somme de contrôle** (*checksum*) cette information supplémentaire.

Contrôle de parité

Le **contrôle de parité** (VRC, *Vertical Redundancy Check* ou *Vertical Redundancy Checking*) est un des systèmes de contrôle les plus simples. Il consiste à ajouter un bit supplémentaire, appelé **bit de parité,** à un certain nombre de bits de données appelé **mot de code** (généralement 7 bits, pour former un octet avec le bit de parité) dont la valeur (0 ou 1) est telle que le nombre total de bits à 1 soit pair. Pour être plus explicite il consiste à ajouter un 1 si le nombre de bits du mot de code est impair, 0 dans le cas contraire.

Exemple

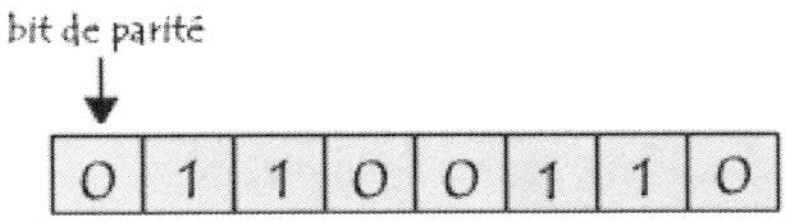

Dans cet exemple, le nombre de bits de données à 1 est pair, le bit de parité est donc positionné à 0. Dans l'exemple suivant, par contre, les bits de données étant en nombre impair, le bit de parité est à 1.

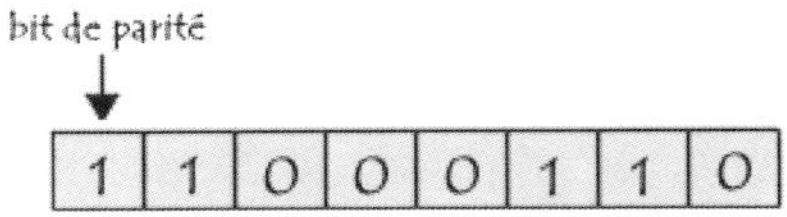

Imaginons désormais qu'après transmission le bit de poids faible (le bit situé à droite) de l'octet précédent soit victime d'une interférence.

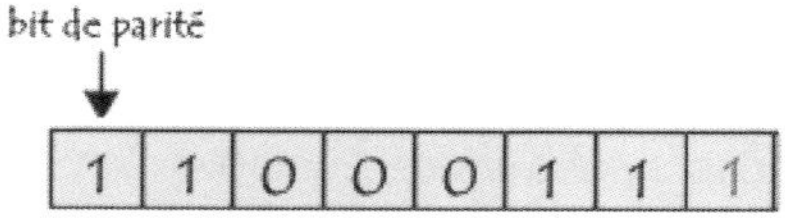

Le bit de parité ne correspond alors plus à la parité de l'octet : **une erreur est détectée**.

Toutefois, si deux bits (ou un nombre pair de bits) venaient à se modifier simultanément lors du transport de données, aucune erreur ne serait alors détectée...

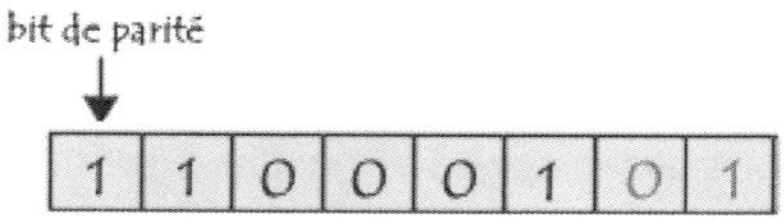

Le système de contrôle de parité ne détectant que les erreurs en nombre impair, il ne permet donc de détecter que 50 % des erreurs. Ce système de détection d'erreurs possède également l'inconvénient majeur de ne pas permettre de corriger les erreurs détectées (le seul moyen est d'exiger la retransmission de l'octet erroné...).

❑ Contrôle de parité croisé

Le **contrôle de parité croisé** (aussi appelé *contrôle de redondance longitudinale* ou LRC, *Longitudinal Redundancy Check*) consiste non pas à contrôler l'intégrité des données d'un caractère, mais à contrôler l'intégrité des bits de parité d'un bloc de caractères.

Exemple

Soit « HELLO » le message à transmettre, en utilisant le code ASCII standard. Voici les données telles qu'elles seront transmises avec les codes de contrôle de parité croisé :

Lettre	Code ASCII (sur 7 bits)	Bit de parité (LRC)
H	1001000	0
E	1000101	1
L	1001100	1

Lettre	Code ASCII (sur 7 bits)	Bit de parité (LRC)
L	1001100	1
O	1001111	1
VRC	1000010	0

Contrôle de redondance cyclique

Le **contrôle de redondance cyclique** (CRC, *Cyclic Redundancy Check*) est un moyen de contrôle d'intégrité des données puissant et facile à mettre en œuvre. Il représente la principale méthode de détection d'erreurs utilisée dans les télécommunications.

Le **CRC** consiste à protéger des blocs de données, appelés **trames** (*frames*). À chaque trame est associé un bloc de données, appelé **code de contrôle** (parfois CRC par abus de langage ou FCS, *Frame Check Sequence* dans le cas d'un code de 32 bits). Le code CRC contient des éléments redondants vis-à-vis de la trame, permettant de détecter les erreurs, mais aussi de les réparer.

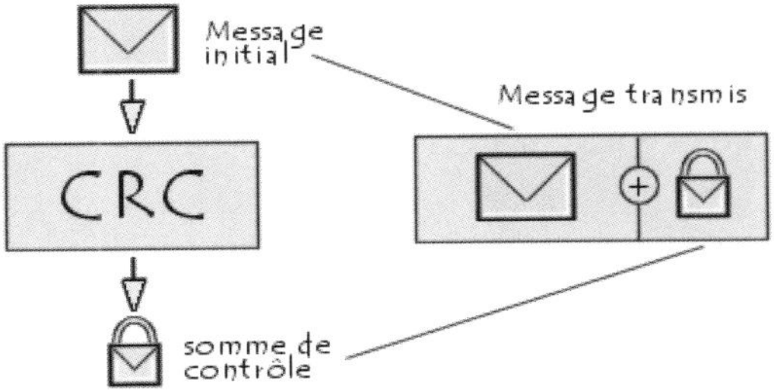

Le principe du CRC[1] consiste à traiter les séquences binaires comme des polynômes binaires, c'est-à-dire des polynômes dont les coefficients correspondent à la séquence binaire. Ainsi la séquence binaire `0110101001` peut être représentée sous la forme polynomiale suivante :

1 Pour en savoir plus, reportez-vous à l'article consacré au contrôle d'erreur sur CCM : http://www.commentcamarche.net/base/control.php3

$$0{*}X^9 + 1{*}X^8 + 1{*}X^7 + 0{*}X^6 + 1{*}X^5 + 0{*}X^4 + 1{*}X^3 + 0{*}X^2 + 0{*}X^1 + 1{*}X^0$$
$$\text{soit } X^8 + X^7 + X^5 + X^3 + X^0 \text{ ou encore } X^8 + X^7 + X^5 + X^3 + 1$$

De cette façon, le bit de poids faible de la séquence (le bit le plus à droite) représente le degré 0 du polynôme ($X^0 = 1$), le 4e bit en partant de la droite représente le degré 3 du polynôme (X^3)... Une séquence de *n* bits constitue donc un polynôme de degré maximal $n - 1$. Toutes les expressions polynomiales sont manipulées par la suite avec une arithmétique modulo 2.

Dans ce mécanisme de détection d'erreurs, un polynôme prédéfini (appelé *polynôme générateur* et noté G(X)) est connu de l'émetteur et du récepteur. La détection d'erreurs consiste pour l'émetteur à effectuer un algorithme sur les bits de la trame afin de générer un CRC, et de transmettre ces deux éléments au récepteur. Il suffit alors au récepteur d'effectuer le même calcul afin de vérifier que le CRC est valide.

Exemple

Soit M le message correspondant aux bits de la trame à envoyer et M(X) le polynôme associé. Appelons M' le message transmis, c'est-à-dire le message initial auquel aura été concaténé le CRC de *n* bits. Le CRC est tel que M'(X)/G(X)=0. Le code CRC est ainsi égal au reste de la division polynomiale de M(X) (auquel on a préalablement concaténé *n* bits nuls correspondant à la longueur du CRC) par G(X).

À savoir

Les polynômes générateurs les plus couramment employés sont :
CRC-12 : $X^{12} + X^{11} + X^3 + X^2 + X + 1$
CRC-16 : $X^{16} + X^{15} + X^2 + 1$
CRC CCITT V41[a] : $X^{16} + X^{12} + X^5 + 1$
CRC-32 (Ethernet) : $X^{32} + X^{26} + X^{23} + X^{22} + X^{16} + X^{12} + X^{11} + X^{10} + X^8 + X^7 + X^5 + X^4 + X^2 + X + 1$
CRC ARPA : $X^{24} + X^{23} + X^{17} + X^{16} + X^{15} + X^{13} + X^{11} + X^{10} + X^9 + X^8 + X^5 + X^3 + 1$

a. Ce code est notamment utilisé dans la procédure HDLC.

Chapitre 3

Variables et opérateurs

À peu près tous les langages de programmation sont basés sur le principe suivant : le programme est constitué d'une suite d'instructions que la machine doit exécuter. Celle-ci exécute les **instructions** au fur et à mesure qu'elle **lit le fichier** (donc de haut en bas) jusqu'à ce qu'elle en rencontre une (appelée parfois *instruction de branchement*) qui lui indique de se rendre à un endroit précis du programme. Il s'agit donc d'une sorte de jeu de piste dans lequel la machine doit suivre le fil conducteur et exécuter les instructions qu'elle rencontre jusqu'à ce qu'elle arrive à la fin du programme et que celui-ci s'arrête.

Instructions

L'**instruction** est l'élément clé du programme informatique car elle permet de spécifier au processeur l'action à effectuer. Une instruction est généralement composée de deux éléments :

- l'**opérateur** : l'action à effectuer par le processeur ;
- la ou les **opérandes** : une ou plusieurs données sur lesquelles l'opération sera effectuée.

Les instructions sont généralement séparées les unes des autres par des séparateurs dépendant du langage de programmation utilisé. La plupart du temps, il s'agit d'un **point-virgule**. En langage C, C++, Java ou PHP, une instruction sera notée comme suit :

```
instruction;
```

Il est possible de regrouper plusieurs instructions, dans ce que l'on appelle un **bloc**. Il s'agit d'un ensemble d'instructions (suivies respectivement par des séparateurs) et la plupart du temps comprises entre les accolades { et }.

Variables

Les langages de programmation permettent généralement de travailler avec des **variables**, c'est-à-dire un nom associé à un contenu stocké en mémoire. Il est ainsi possible de nommer une variable `toto` et y stocker le chiffre 8.

Type de données

Le **type de données** conditionne le nombre d'octets permettant de stocker une donnée, c'est-à-dire la quantité de mémoire servant à stocker la donnée et à définir son format.

Les langages acceptant d'associer à un nom de variable n'importe quel type de donnée (un nombre entier, un caractère d'imprimerie, etc.) sont appelés **langages non typés**.

À l'inverse, les **langages typés** associent un nom à une variable mais également un type de données qui devra être précisé lors de sa déclaration, c'est-à-dire que lorsque le nom de la variable sera écrit pour la première fois.

Casse et syntaxe

Les langages de programmation possèdent une **syntaxe** rigoureuse, ce qui signifie que les instructions qui le composent doivent être saisies en respectant certaines contraintes.

Ainsi, certains langages sont sensibles à la **casse** (*case sensitive*), ce qui signifie que le compilateur distingue un nom ne comportant que des caractères écrits en minuscules d'un même nom comprenant des majuscules : la variable nommée `Toto` sera une variable différente de la variable `toto`.

Les noms de variables admettent généralement une longueur maximale (qui dépend du langage) et un jeu de caractères réduit, parmi lesquels on retrouve généralement les caractères suivants :

```
abcdefghijklmnopqrstuvwxyz
ABCDEFGHIJKLMNOPQRSTUVWXYZ
1234567890_
```

À savoir

Un espace (" ") est en réalité un caractère à part entière, appelé **caractère spécial**. Il est rare qu'un langage accepte des caractères spéciaux dans un nom de variable !

La **lisibilité du code** ne doit pas être sacrifiée, il est important de donner des noms explicites aux entités utilisées dans le code source, afin qu'il puisse être modifié, le cas échéant, par un développeur tiers.

Par ailleurs, la plupart des compilateurs ignorent les caractères blancs (espaces, retours chariot et tabulations) entre les instructions. Il est donc conseillé de faire bon usage de ces caractères afin d'aérer le code source en :

- regroupant les instructions sémantiquement liées ;
- séparant les instructions ne possédant pas le même sens ;
- indentant les blocs de code afin de refléter la structure logique du programme, c'est-à-dire en se servant des tabulations pour créer un décalage visuel.

Mots réservés

Dans la plupart des langages, il existe une poignée de mots, appelés **mots réservés** (*reserved words*) ne pouvant pas servir comme nom de variable. Ils correspondent à des termes ayant une signification particulière pour le compilateur.

Constantes

Les **constantes** sont des données dont la valeur ne peut être modifiée. Elles sont généralement définies en début de programme. La valeur que la constante contient peut être de tout type, suivant ce que le langage autorise.

Opérateurs

Les **opérateurs** sont des symboles qui permettent de manipuler des variables, c'est-à-dire d'effectuer des opérations, de les évaluer, etc. On distingue généralement deux ou trois types d'opérateurs :

- Les **opérateurs unaires** : ce sont des opérateurs qui n'admettent qu'une seule opérande.
- Les **opérateurs binaires** : ce sont des opérateurs qui, contrairement à ce que l'on pourrait croire, ne travaillent pas sur des opérandes binaires, mais admettent deux opérandes (binaire désigne donc le nombre d'opérandes manipulées, l'addition, souvent notée +, est donc un opérateur binaire).
- Les **opérateurs ternaires** : ce sont des opérateurs qui admettent trois opérandes (les opérateurs conditionnels sont par exemple des opérateurs ternaires).

Les opérateurs peuvent être aussi répartis selon plusieurs catégories selon le type d'action que leur exécution déclenche. Dans chaque langage il existe généralement des **priorités d'évaluation des opérateurs**, afin que l'ordinateur sache dans quel sens évaluer les opérateurs lorsque plusieurs d'entre eux sont présents dans une même expression.

Opérateurs de calcul

Les **opérateurs de calcul** permettent de modifier mathématiquement la valeur d'une variable.

Opérateur	Dénomination	Effet	Ex.	Résultat (avec x valant 7)
+	Opérateur d'addition	Ajoute deux valeurs	x+3	10
-	Opérateur de soustraction	Soustrait deux valeurs	x-3	4
*	Opérateur de multiplication	Multiplie deux valeurs	x*3	21

Opérateur	Dénomination	Effet	Ex.	Résultat (avec x valant 7)
/	Opérateur de division	Divise deux valeurs	x/3	2.3333333
=	Opérateur d'affectation	Affecte une valeur à une variable	x=3	Met la valeur 3 dans la variable x
%	Opérateur modulo	Retourne le reste de la division entière de l'opérande de gauche par celle de droite	x% 2	1

Opérateurs d'affectation

Les **opérateurs d'affectation** permettent de simplifier des opérations telles qu'ajouter une valeur dans une variable et stocker le résultat dans la variable.

Exemple

X = X+2 avec les opérateurs d'assignation il est possible d'écrire cette opération sous la forme suivante : *x+=*2. Ainsi, si la valeur de X était 7 avant opération, elle sera de 9 après...

Opérateur	Effet
+=	Ajoute l'opérande de gauche par l'opérande de droite et stocke le résultat dans l'opérande de gauche.
-=	Soustrait l'opérande de droite à l'opérande de gauche et stocke le résultat dans l'opérande de gauche.
*=	Multiplie l'opérande de gauche par l'opérande de droite et stocke le résultat dans l'opérande de gauche.
/=	Divise l'opérande de gauche par l'opérande de droite et stocke le résultat dans l'opérande de gauche.
%=	Calcule le reste de la division entière de l'opérande de gauche par l'opérande de droite et stocke le résultat dans l'opérande de gauche.

Opérateurs d'incrémentation

Les **opérateurs d'incrémentation** permettent de facilement augmenter ou diminuer d'une unité une variable. Ces opérateurs sont très utiles pour des structures telles que des boucles, qui ont besoin d'un **compteur** (variable qui augmente de un en un).

Exemple

Un opérateur de type X++ permet de remplacer des notations lourdes telles que X=X+1 ou bien X+=1

Opérateur	Dénomination	Effet	Syntaxe	Résultat (avec X valant 7)
++	Incrémentation	Augmente d'une unité la variable	x++	8
–	Décrémentation	Diminue d'une unité la variable	x–	6

Opérateurs de comparaison

Les **opérateurs de comparaison** permettent d'effectuer des tests de comparaison entre deux valeurs.

Opérateur	Dénomination	Effet	Ex.	Résultat (avec x valant 7)
== À ne pas confondre avec le signe d'affectation (=)!!	Opérateur d'égalité	Compare deux valeurs et vérifie leur égalité.	X==3	Retourne *True* si X est égal à 3, sinon *False*
===	Opérateur d'identité	Vérifie l'identité de valeur et de type de deux valeurs.	a===b	Retourne *True* si a est égal à b et est de même type, sinon *False*

Opérateur	Dénomination	Effet	Ex.	Résultat (avec x valant 7)
!=	Opérateur de différence	Vérifie qu'une variable est différente d'une valeur.	X!=3	Retourne 1 si X est différent de 3, sinon 0
!==	Opérateur de non identité	Vérifie la non identité de valeur et de type de deux valeurs, c'est-à-dire si les deux valeurs n'ont pas la même valeur ou bien sont de types différents.	a!==b	Retourne *True* si a est différent de b ou bien est de type différent, sinon *False*
<	Opérateur d'infériorité stricte	Vérifie qu'une variable est strictement inférieure à une valeur.	X<3	Retourne *True* si X est inférieur à 3, sinon *False*
<=	Opérateur d'infériorité	Vérifie qu'une variable est inférieure ou égale à une valeur.	X<=3	Retourne *True* si X est inférieur ou égal à 3, sinon *False*
>	Opérateur de supériorité stricte	Vérifie qu'une variable est strictement supérieure à une valeur.	X>3	Retourne *True* si X est supérieur à 3, sinon *False*
>=	Opérateur de supériorité	Vérifie qu'une variable est supérieure ou égale à une valeur.	X>=3	Retourne *True* si X est supérieur ou égal à 3, sinon *False*

Opérateurs logiques (booléens)

Les **opérateurs logiques** permettent de vérifier si plusieurs conditions sont vraies.

<table>
<tr><th>Opérateur</th><th>Dénomination</th><th>Effet</th><th>Syntaxe</th></tr>
<tr><td>||</td><td>OU logique</td><td>Vérifie qu'une des conditions est réalisée.</td><td>((expression1)||(expression2))</td></tr>
<tr><td>&&</td><td>ET logique</td><td>Vérifie que toutes les conditions sont réalisées.</td><td>((expression1)&&(expression2))</td></tr>
<tr><td>!</td><td>NON logique</td><td>Inverse l'état d'une variable booléenne (retourne la valeur 1 si la variable vaut 0, 0 si elle vaut 1).</td><td>(!condition)</td></tr>
</table>

Opérateurs bit-à-bit

Les **opérateurs bit-à-bit** traitent leurs opérandes comme des données binaires, plutôt que comme des données décimales, hexadécimales ou octales. Ces opérateurs traitent ces données selon leur représentation binaire mais retournent des valeurs numériques standard dans leur format d'origine. Les opérateurs suivants effectuent des opérations bit-à-bit, c'est-à-dire avec des bits de même poids.

<table>
<tr><th>Opérateur</th><th>Dénomination</th><th>Effet</th><th>Syntaxe</th><th>Résultat (avec X valant 7)</th></tr>
<tr><td>&</td><td>ET bit-à-bit</td><td>Retourne 1 si les deux bits de même poids sont à 1.</td><td>9 & 12 (1001 & 1100)</td><td>8 (1000)</td></tr>
<tr><td>|</td><td>OU bit-à-bit</td><td>Retourne 1 si l'un ou l'autre des deux bits de même poids est à 1 (ou les deux).</td><td>9 | 12 (1001 | 1100)</td><td>13 (1101)</td></tr>
<tr><td>^</td><td>OU bit-à-bit exclusif</td><td>Retourne 1 si l'un des deux bits de même poids est à 1 (mais pas les deux).</td><td>9 ^ 12 (1001 ^ 1100)</td><td>5 (0101)</td></tr>
</table>

Opérateurs de rotation de bit

Les **opérateurs de rotation de bit** traitent leurs opérandes comme des données binaires d'une longueur de 32 bits, plutôt que comme des données décimales, hexadécimales ou octales. Ces opérateurs traitent ces données selon leur représentation binaire mais retournent des valeurs numériques standard dans leur format d'origine.

Les opérateurs suivants effectuent des **rotations** sur les bits, c'est-à-dire qu'il décale chacun des bits d'un nombre de bits vers la gauche ou vers la droite. La première opérande désigne la donnée sur laquelle on va faire le décalage, la seconde désigne le nombre de bits duquel elle va être décalée.

Operateur	Dénomination	Effet	Syntaxe	Résultat (avec X valant 7)
<<	Rotation à gauche	Décale les bits vers la gauche (multiplie par 2 à chaque décalage). Les zéros qui sortent à gauche sont perdus, tandis que des zéros sont insérés à droite.	6 << 1 (0110 << 1)	12 (1100)
>>	Rotation à droite avec conservation du signe	Décale les bits vers la droite (divise par 2 à chaque décalage). Les zéros qui sortent à droite sont perdus, tandis que le bit non-nul de poids plus fort est recopié à gauche.	6 >> 1 (0110 >> 1)	3 (0011)
>>>	Rotation à droite avec remplissage de zéros	Décale les bits vers la droite (divise par 2 à chaque décalage). Les zéros qui sortent à droite sont perdus, tandis que des zéros sont insérés à gauche.	6 >>> 1 (0110 >>> 1)	3 (0011)

Opérateurs de manipulation de chaînes de caractères

L'opérateur + (ou . dans certains langages) lorsqu'il est utilisé avec des chaînes de caractères permet de les concaténer, c'est-à-dire de joindre bout à bout les deux chaînes de caractères. Ainsi `var='a'+'b'` est équivalent à `var='ab'`.

```
var1='a'
var=var1+'b' -> var='ab'
```

Commentaires

Il est généralement bon de pouvoir ajouter dans un programme des lignes de texte qui ne seront pas prises en compte par le compilateur. Ces lignes de textes sont généralement précédées (ou encadrées) par des instructions spéciales qui indiqueront au compilateur de les ignorer.

Les **commentaires** servent à clarifier un programme en donnant des explications. Ils serviront à permettre à des tiers de comprendre le fonctionnement du programme en lisant le fichier source, ou bien à la personne qui l'a créé, si jamais il lui est nécessaire de reprendre le code source quelques années après.

Structures conditionnelles et boucles

On appelle **structure conditionnelle** les instructions qui permettent de tester si une condition est vraie ou non, c'est-à-dire si la valeur de son expression vaut 0 ou 1 (le PHP associe le mot-clé *true* à 1 et *false* à 0). Ces structures conditionnelles peuvent être associées à des structures qui se répètent suivant la réalisation de la condition, on appelle ces structures des **structures de boucle**.

Structures conditionnelles

if

L'instruction `if` est la structure de test la plus basique, on la retrouve dans tous les langages (avec une syntaxe parfois différente d'un langage à l'autre). Elle permet d'exécuter une série d'instructions (un bloc d'instructions) si jamais une condition est réalisée. La syntaxe de cette expression est généralement la suivante :

```
if (condition réalisée) {
    liste d'instructions ;
}
```

- la condition doit être entre des parenthèses ;
- il est possible de définir plusieurs conditions à remplir avec les opérateurs ET et OU (&& et ||).

Exemple

L'instruction suivante teste si les deux conditions sont réalisées :

```
if ((condition1)&&(condition2))
```

L'instruction suivante par contre exécutera les instructions si l'une ou l'autre des deux conditions est réalisée :

```
if ((condition1)||(condition2))
```

S'il n'y a qu'une instruction dans le bloc d'instruction, les accolades ne sont pas toujours nécessaires (en revanche les parenthèses le sont) :

```
if (x==2) document.write("X vaut 2");
```

if ... else

L'instruction `if` dans sa forme basique ne permet de tester qu'une condition, or la plupart du temps on aimerait pouvoir choisir les instructions à exécuter **en cas de non-réalisation de la condition**... L'expression `if ... else` permet d'exécuter une autre série d'instruction en cas de non-réalisation de la condition. La syntaxe de cette expression est la suivante :

```
if (condition réalisée) {
   // liste d'instructions
}
else {
   // autre série d'instructions
}
```

À savoir

Il est possible de faire un test avec une structure beaucoup moins lourde grâce à la structure suivante :

```
(condition) ? instruction si vrai : instruction si faux
```

– la condition doit être entre des parenthèses ;
– lorsque la condition est vraie, l'instruction de gauche est exécutée ;
– lorsque la condition est fausse, l'instruction de droite est exécutée.

Les structures conditionnelles pouvant être imbriquées, il peut être utile d'**indenter le code** pour plus de lisibilité, c'est-à-dire de décaler à l'aide d'une tabulation chaque bloc d'instruction pour pouvoir rapidement visualiser l'imbrication des structures !

Structures de boucle

Les **boucles** sont des structures qui permettent d'exécuter plusieurs fois la même série d'instructions jusqu'à ce qu'une condition ne soit plus réalisée...

La façon la plus commune de faire une boucle, est de créer un **compteur** (une variable qui s'incrémente, c'est-à-dire qui augmente de 1 à chaque tour de boucle) et de faire arrêter la boucle lorsque le compteur dépasse une certaine valeur.

for

L'instruction `for` permet d'exécuter plusieurs fois la même série d'instructions (c'est une boucle !). Dans sa syntaxe, il suffit de préciser :

- le nom de la variable qui sert de compteur (et éventuellement sa valeur de départ),
- la condition sur la variable pour laquelle la boucle s'arrête (basiquement une condition qui teste si la valeur du compteur dépasse une limite),
- une instruction qui incrémente (ou décrémente) le compteur.

La syntaxe de cette expression est la suivante :

```
for (compteur; condition; modification du compteur) {
    liste d'instructions
}
```

Exemple

```
for (i=1; i<6; i++) {
    Alert(i)
}
```

Cette boucle affiche 5 fois la valeur de i, c'est-à-dire 1, 2, 3, 4, 5. Elle commence à i = 1, vérifie que i est bien inférieur à 6, etc. jusqu'à atteindre la valeur i = 6, pour laquelle la condition ne sera plus réalisée, la boucle s'interrompra et le programme continuera son cours.

Attention !

Il faudra toujours vérifier que la boucle a bien une condition de sortie (i.e. le compteur s'incrémente correctement).

Une instruction *Alert(i);* dans votre boucle est un bon moyen pour vérifier la valeur du compteur pas à pas !

Il faut bien compter le nombre de fois que l'on veut faire exécuter la boucle :
– for(i=0;i<10;i++) exécute 10 fois la boucle (i de 0 à 9)
– for(i=0;i<=10;i++) exécute 11 fois la boucle (i de 0 à 10)
– for(i=1;i<10;i++) exécute 9 fois la boucle (i de 1 à 9)
– for(i=1;i<=10;i++) exécute 10 fois la boucle (i de 1 à 10)

while

L'instruction `while` (*tant que*) représente un autre moyen d'exécuter plusieurs fois la même série d'instructions. La syntaxe de cette expression est la suivante :

```
while (condition réalisée) {
     liste d'instructions
}
```

Cette instruction exécute la liste d'instructions « tant que » la condition est réalisée.

La condition de sortie pouvant être n'importe quelle structure conditionnelle, les risques de **boucle infinie** (boucle dont la condition est toujours vraie) sont grands, c'est-à-dire qu'elle risque de provoquer un plantage du compilateur !

Saut inconditionnel

Il peut être nécessaire de faire **sauter** à la boucle une ou plusieurs valeurs sans pour autant mettre fin à celle-ci. La syntaxe de cette expression est `continue;` (cette instruction se place dans une boucle !), on l'associe généralement à une structure conditionnelle, sinon les lignes situées entre cette instruction et la fin de la boucle seraient obsolètes.

Exemple

Imaginons que l'on veuille imprimer pour x allant de 1 à 10 la valeur de 1/(x – 7) ... il est évident que pour x = 7 il y aura une erreur. Heureusement, grâce à l'instruction *continue* il est possible de traiter cette valeur à part puis de continuer la boucle !

```
x=1;
while (x<=10) {
        if (x == 7) {
                Alert('division par 0');
                continue;
        }
        a = 1/(x-7);
        Alert(a);
        x++;
}
```

Il y avait une erreur dans ce script... peut-être ne l'avez-vous pas vue. Lorsque x est égal à 7, le compteur ne s'incrémente plus, il reste constamment à la valeur 7, il aurait fallu en fait écrire :

```
x=1;
while (x<=10) {
        if (x == 7) {
                Alert('division par 0');
                x++;
                continue;
        }
        a = 1/(x-7);
        Alert(a);
        x++;
}
```

Arrêt inconditionnel

À l'inverse, on peut vouloir **arrêter prématurément** la boucle, pour une autre condition que celle précisée dans l'en-tête de la boucle. L'instruction `break` permet d'arrêter une boucle (`for` ou bien `while`). Il s'agit, tout comme `continue`, de l'associer à une structure conditionnelle, sans laquelle la boucle ne ferait jamais plus d'un tour !

Exemple

Dans l'exemple précédent, si l'on ne savait pas à quel moment le dénominateur (x – 7) s'annule... il serait possible de faire arrêter la boucle en cas d'annulation du dénominateur, pour éviter une division par zéro !

```
for (x=1; x<=10; x++) {
        a = x-7;
        if (a == 0) {
                Alert('division par 0');
                break;
        }
        Alert(1/a);
}
```

switch...case

L'instruction **switch** permet de faire plusieurs tests de valeurs sur le contenu d'une même variable. Ce branchement conditionnel simplifie beaucoup le test de plusieurs valeurs d'une variable, car cette opération aurait été compliquée (mais possible) avec des `if` imbriqués. Sa syntaxe est la suivante :

```
switch (Variable) {
        case Valeur1:
        Liste d'instructions;
        break;
        case Valeur2:
        Liste d'instructions;
        break;
        case ValeurX:
        Liste d'instructions;
        break;
        default:
        Liste d'instructions;
        break;
}
```

Les parenthèses qui suivent le mot-clé `switch` indiquent une expression dont la valeur est testée successivement par chacun des `case`. Lorsque l'expression testée est égale à une des valeurs suivant un `case`, la liste d'instructions qui suit celui-ci est exécutée. Le mot-clé `break` indique la sortie de la structure conditionnelle. Le mot-clé `default` précède la liste d'instructions qui sera exécutée si l'expression n'est jamais égale à une des valeurs.

Attention !

Il est essentiel de terminer chaque bloc d'instructions par l'instruction `break` !

N'oubliez pas d'insérer des instructions `break` entre chaque test, ce genre d'oubli est difficile à détecter car aucune erreur n'est signalée...

Structures de données

Les variables, telles que nous les avons vues, ne permettent de stocker qu'une seule donnée à la fois. Or, pour de nombreuses données, comme cela est souvent le cas, des variables distinctes seraient beaucoup trop lourdes à gérer. Heureusement, le **langage C** propose des structures de données permettant de stocker l'ensemble de ces données dans une « variable commune ». Ainsi, pour accéder à ces valeurs il suffit de parcourir la variable de type complexe composée de « variables » de type simple.

Le langage C propose deux types de structures :

- Les **tableaux** qui permettent de stocker plusieurs données de même type.
- Les **structures** qui peuvent contenir des données hétérogènes.

La notion de tableau

On appelle **tableau** une variable composée de données de même type, stockée de manière contiguë en mémoire (les unes à la suite des autres). Un tableau est donc une suite de cases (espace mémoire) de même taille. La taille de chacune des cases est conditionnée par le type de donnée que le tableau contient.

Les éléments du tableau peuvent être :

- des données de type simple : `int`, `char`, `float`, `long`, `double`... (la taille d'une case du tableau est alors le nombre d'octets sur lequel la donnée est codée) ;
- des pointeurs (objets contenant une adresse mémoire, ce type d'entité sera expliqué dans les chapitres suivants) ;
- des tableaux ;
- des structures.

Voici une manière de représenter un tableau :

donnée	donnée	donnée	...	donnée	donnée	donnée

- Lorsque le tableau est composé de données de type simple, on parle de **tableau monodimensionnel**.
- Lorsque celui-ci contient lui-même d'autres tableaux, on parle alors de **tableau multidimensionnel**.

Tableaux unidimensionnels

❑ Déclaration

Un **tableau unidimensionnel** (ou *vecteur*) est un tableau qui contient des éléments simples (des éléments qui ne sont pas des tableaux). Un tableau unidimensionnel est donc une suite de « cases » de même taille contenant des éléments d'un type donné (de la longueur de la case en quelque sorte). Un tableau contenant des entiers peut se représenter de la façon suivante :

int	int	int	...	int	int	int

En langage , la syntaxe de la définition d'un tableau unidimensionnel est la suivante :

```
type Nom_du_tableau [Nombre d'éléments]
```

- `type` définit le type d'éléments que contient le tableau (rappel : un tableau en langage C est composé uniquement d'éléments de même type), c'est-à-dire qu'il définit la taille d'une case du tableau en mémoire.

- `Nom_du_tableau` est le nom que l'on décide de donner au tableau, le nom du tableau suit les mêmes règles qu'un nom de variable.
- `Nombre d'éléments` est un nombre entier qui détermine le nombre de cases que le tableau doit comporter.

Exemple

La définition d'un tableau qui doit contenir huit éléments de type `char` est : `char Tableau [8]`

❑ Calcul de la taille du tableau

Étant donné qu'un tableau est composé d'un nombre fixé d'éléments d'un type donné, la taille d'un tableau est déterminée dès sa définition. Pour connaître la **taille d'un tableau**, c'est-à-dire déterminer le nombre d'octets que celui-ci occupe en mémoire, il y a deux possibilités :

- **Calculer manuellement la taille du tableau** : il suffit de multiplier la taille du type d'éléments par le nombre d'éléments qui composent le tableau.
- **Utiliser l'opérateur `sizeof()`** : l'opérateur `sizeof()` permet de retourner directement la taille de l'élément qui lui est passé en argument, ainsi en lui passant un tableau comme opérande, `sizeof()` est capable de vous retourner directement la taille de celui-ci.

Exemple

Définition du tableau	Taille du tableau (en octets)
`char Tableau1[12]`	1 * 12 = 12
`int Tableau2[10]`	2 * 10 = 20
`float Tableau3[8]`	4 * 8 = 32
`double Tableau4[15]`	8 * 15 = 120

❑ Accéder aux éléments

Pour **accéder à un élément** du tableau, le nom que l'on a donné à celui-ci ne suffit pas car il comporte plusieurs éléments. Ainsi, on définit un nombre appelé **indice** (*index*) qui, combiné avec le nom du tableau, permet de décrire exactement chaque élément.

Pour accéder à un élément du tableau, il suffit donc de donner le nom du tableau, suivi de l'indice de l'élément entre crochets :

```
Nom_du_tableau[indice]
```

- L'indice du premier élément du tableau est **0.**
- Un indice est toujours positif.
- L'indice du dernier élément du tableau est égal au nombre d'éléments – 1.

Exemple

On accédera au 5e élément du tableau en écrivant `Nom_du_tableau[4]`

❑ Manipuler les éléments

Un élément du tableau (repéré par le nom du tableau et son indice) peut être **manipulé** exactement comme une variable, on peut donc effectuer des opérations avec (ou sur) des éléments de tableau.

Exemple

Définissons un tableau de 10 entiers :

```
int Toto[10];
```

Pour affecter la valeur 6 au 8e élément, on écrira :

```
Toto[7] = 6;
```

Pour affecter au 10e élément le résultat de l'addition des éléments 1 et 2, on écrira :

```
Toto[9] = Toto[0] + Toto[1];
```

❑ Initialiser les éléments

Lorsque l'on définit un tableau, les valeurs des éléments qu'il contient ne sont pas définies, il faut donc les **initialiser**, c'est-à-dire leur affecter une valeur. Une méthode rustique consiste à affecter des valeurs aux éléments un par un (l'intérêt de l'utilisation d'un tableau est alors bien maigre)... :

```
Toto[0] = Toto[1] = Toto[2] = 0;
```

Une manière plus élégante consiste à utiliser le fait que pour passer d'un élément du tableau à l'élément suivant il suffit d'incrémenter son indice. Il est donc possible d'utiliser une boucle qui va permettre d'initialiser successivement chacun des éléments grâce à un compteur qui servira d'indice :

```
int Toto[10];
int Indice;
for (Indice = 0; Indice <= 9; Indice++) {
Toto[Indice] = 0;
}
```

Cette méthode, aussi utile soit elle, n'a d'intérêt que lorsque les éléments du tableau doivent être initialisés à une valeur unique ou une valeur logique (proportionnelle à l'indice par exemple). Pour initialiser un tableau avec des valeurs spécifiques, il est possible d'initialiser le tableau à la définition en plaçant entre accolades les valeurs, séparées par des virgules :

```
int Toto[10] = {1, 2, 6, 5, 2, 1, 9, 8, 1, 5};
```

Attention !

Le nombre de valeurs entre accolades ne doit pas être supérieur au nombre d'éléments du tableau.

Les valeurs entre accolades doivent être des constantes (l'utilisation de variables provoquera une erreur du compilateur).

Si le nombre de valeurs entre accolades est inférieur au nombre d'éléments du tableau, les derniers éléments sont initialisés à 0.

Il doit y avoir au moins une valeur entre accolades.

Ainsi, l'instruction suivante permet d'initialiser tous les éléments du tableau à zéro :

```
int Toto[10] = {0};
```

Il est conseillé d'employer le plus possible des constantes dans vos programmes, notamment pour la taille des tableaux. Le code précédent peut s'écrire ainsi :

```
#define NB_ELEMENT_TOTO 10
int Toto[NB_ELEMENT_TOTO];
int Indice;
for (Indice = 0; Indice < NB_ELEMENT_TOTO; Indice++) {
Toto[Indice] = 0;
}
```

L'utilisation des constantes permet de :

- Réaliser moins d'erreurs d'exécutions dues à un débordement difficile à déceler.
- Modifier la taille du tableau, il suffit de changer le `define` en début du code source.
- Améliorer la lisibilité du code.

Tableaux multidimensionnels

Les **tableaux multidimensionnels** (aussi *matrice* ou *table*) sont des tableaux qui contiennent des tableaux.

Exemple

Le tableau bidimensionnel (3 lignes, 4 colonnes) suivant est en fait un tableau comportant trois éléments, chacun d'entre eux étant un tableau de quatre éléments :

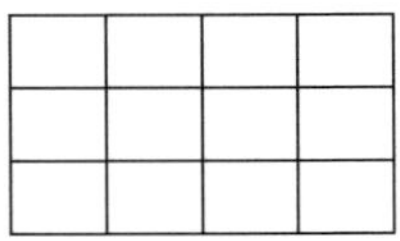

Il est stocké en mémoire de la manière suivante :

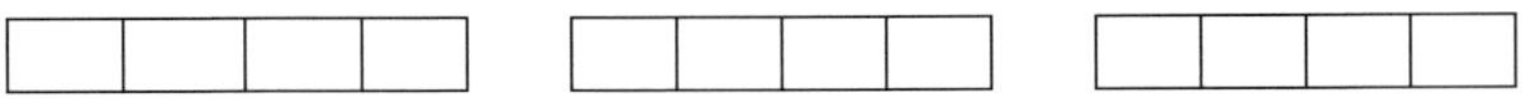

❑ Définition

Un tableau multidimensionnel se **définit** de la manière suivante :

```
type Nom_du_tableau [a1][a2][a3] ... [aN]
```

- Chaque élément entre crochets désigne le nombre d'éléments dans chaque dimension.

- Le nombre de dimensions n'est pas limité.

Exemple

Un tableau d'entiers positifs à deux dimensions (3 lignes, 4 colonnes) se définira avec la syntaxe suivante :

```
int Tableau [3][4]
```

On peut représenter un tel tableau de la manière suivante :

Tableau[0][0]	Tableau[0][1]	Tableau[0][2]	Tableau[0][3]
Tableau[1][0]	Tableau[1][1]	Tableau[1][2]	Tableau[1][3]
Tableau[2][0]	Tableau[2][1]	Tableau[2][2]	Tableau[2][3]

Il va de soi que cette représentation est arbitraire, car elle suppose que le premier indice est l'indice de ligne, et le second est l'indice de colonne. On aurait tout aussi bien pu représenter le tableau de la manière suivante :

Tableau[0][0]	Tableau[1][0]	Tableau[2][0]
Tableau[0][1]	Tableau[1][1]	Tableau[2][1]
Tableau[0][2]	Tableau[1][2]	Tableau[2][2]
Tableau[0][3]	Tableau[1][3]	Tableau[2][3]

On utilise toutefois généralement la première représentation, car elle correspond mieux à la façon selon laquelle le tableau est stocké en mémoire.

❑ Initialiser les éléments

L'**initialisation** d'un tableau multidimensionnel se fait à peu près de la même façon que pour les tableaux unidimensionnels. Il y a donc plusieurs façons d'initialiser un tableau multidimensionnel :

- **Initialisation individuelle de chaque élément** :

```
Nom_du_tableau [0][0] = 2;
Nom_du_tableau [0][1] = 3;
...
```

- **Initialisation grâce à des boucles** : il faut faire des boucles imbriquées correspondant chacune à un indice d'une dimension. Par exemple les éléments de Tableau[3][4] pourront être initialisés à 0 par les instructions suivantes :

```
int i,j;
for (i=0; i<=2; i++){
        for (j=0; j<=3; j++){
                Tableau[i][j] = 0;
        }
}
```

- **Initialisation à la définition** :

```
type Nom_du_tableau [Taille1][Taille2]...[TailleN] =
{a1, a2, ... aN};
```

Les valeurs sont attribuées aux éléments successifs en incrémentant d'abord les indices de droite, c'est-à-dire pour un tableau à 2 dimensions : [0][0], [0][1], [0][2] ... puis [1][0] etc.

Structures de données

Un **tableau** permet de regrouper des éléments de même type, c'est-à-dire codés sur le même nombre de bits et de la même façon. Toutefois, il est généralement utile de pouvoir rassembler des éléments de type différent tels que des entiers et des chaînes de caractères.

Les **structures de données** permettent de remédier à cette lacune des tableaux, en regroupant des objets (des variables) au sein d'une entité repérée par un seul nom de variable.

Les objets contenus dans la structure sont appelés **champs de la structure**.

Déclaration d'une structure

Lors de la **déclaration** de la structure, on indique les champs de la structure, c'est-à-dire le *type* et le *nom* des variables qui la composent :

```
struct Nom_Structure {
        type_champ1 Nom_Champ1;
        type_champ2 Nom_Champ2;
        type_champ3 Nom_Champ3;
        type_champ4 Nom_Champ4;
        type_champ5 Nom_Champ5;
        ...
};
```

- La dernière accolade doit être suivie d'un point-virgule !
- Le nom des champs répond aux critères des noms de variable.
- Deux champs ne peuvent avoir le même nom.
- Les données peuvent être de n'importe quel type hormis le type de la structure dans laquelle elles se trouvent.

Exemple

La structure suivante est correcte :

```
struct MaStructure {
        int Age;
        char Sexe;
        char Nom[12];
        float MoyenneScolaire;
        struct AutreStructure StructBis;
/* en considérant que la structure AutreStructure est
définie */
};
```

Par contre la structure suivante est incorrecte :

```
struct MaStructure {
        int Age;
        char Age;
        struct MaStructure StructBis;
};
```

Il y a deux raisons à cela :
– Le nom de variable *Age* n'est pas unique.
– Le type de données *struct MaStructure* n'est pas autorisé

La déclaration d'une structure ne fait que donner l'allure de la structure, c'est-à-dire en quelque sorte une définition d'un type de variable complexe. La déclaration ne réserve donc pas d'espace mémoire pour une variable structurée (variable de type structure), il faut donc définir une (ou plusieurs) variable(s) structurée(s) après avoir déclaré la structure...

Définition d'une variable structurée

La **définition d'une variable structurée** est une opération qui consiste à créer une variable ayant comme type celui d'une structure que l'on a précédemment déclarée, c'est-à-dire la nommer et lui réserver un emplacement en mémoire. La définition d'une variable structurée se fait comme suit :

```
struct Nom_Structure Nom_Variable_Structuree;
```

- `Nom_Structure` représente le nom d'une structure que l'on aura préalablement déclarée.
- `Nom_Variable_Structuree` est le nom que l'on donne à la variable structurée.

Il va de soi que, comme dans le cas des variables on peut définir plusieurs variables structurées en les séparant avec des virgules :

```
struct Nom_Structure Nom1, Nom2, Nom3, ...;
```

Exemple

Soit la structure *Personne* :

```
struct Personne{
        int Age;
        char Sexe;
};
```

On peut définir plusieurs variables structurées :

```
struct Personne Pierre, Paul, Jacques;
```

Accès aux champs d'une variable structurée

Chaque variable de type structure possède des **champs** repérés avec des noms uniques. Toutefois le nom des champs ne suffit pas pour y accéder étant donné qu'ils n'ont de contexte qu'au sein de la variable structurée... Pour accéder aux champs d'une structure on utilise l'opérateur de champ (un simple point) placé entre le nom de la variable structurée que l'on a défini et le nom du champ :

```
Nom_Variable.Nom_Champ;
```

Exemple

Pour affecter des valeurs à la variable `Pierre` (variable de type `struct Personne` définie précédemment), on pourra écrire :

```
Pierre.Age = 18;
Pierre.Sexe = 'M';
```

Tableaux de structures

Étant donné qu'une **structure** est composée d'éléments de taille fixe, il est possible de créer un **tableau** ne contenant que des éléments du type d'une structure donnée.

Il suffit de créer un tableau dont le type est celui de la structure et de le repérer par un nom de variable :

```
struct Nom_Structure Nom_Tableau[Nb_Elements];
```

Chaque élément du tableau représente alors une structure du type que l'on a définie...

Exemple

Le tableau suivant (nommé `Repertoire`) pourra par exemple contenir 8 variables structurées de type `struct Personne` :

```
struct Personne Repertoire[8];
```

De la même façon, il est possible de manipuler des structures dans les fonctions.

Pointeur

Un **pointeur** est une variable contenant l'adresse d'une autre variable d'un type donné. La notion de pointeur fait souvent peur car il s'agit d'une technique de programmation très puissante, permettant de définir des structures dynamiques, c'est-à-dire qui évoluent au cours du temps (par opposition aux tableaux par exemple qui sont des structures de données statiques, dont la taille est figée à la définition).

Comprendre la notion d'adresse

Comme nous l'avons vu, un pointeur est une variable qui permet de stocker une **adresse**, il est donc nécessaire de comprendre ce qu'est une adresse.

Lorsque l'on exécute un programme, celui-ci est stocké en mémoire, cela signifie que le code à exécuter est stocké, mais aussi que chaque variable que l'on a définie a une zone de mémoire qui lui est réservée, et la taille de cette zone correspond au type de variable que l'on a déclaré.

En réalité, la mémoire est constituée de plein de petites cases de 8 bits (un octet). Une variable, selon son type (donc sa taille), va ainsi occuper une ou plusieurs de ces cases (une variable de type `char` occupera une seule case, tandis qu'une variable de type `long` occupera 4 cases consécutives).

Chacune de ces « cases » (appelées *blocs*) est identifiée par un numéro. Ce numéro s'appelle **adresse**.

On peut donc accéder à une variable de deux façons grâce à son nom ou grâce à l'adresse du premier bloc alloué à la variable. Il suffit donc de stocker l'adresse de la variable dans un pointeur (il est prévu pour cela) afin de pouvoir accéder à celle-ci (on dit que l'on « pointe vers la variable »).

Exemple

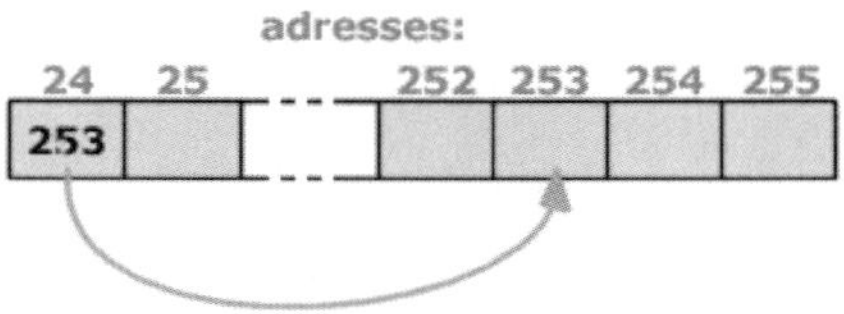

Le schéma précédent montre par exemple par quel mécanisme il est possible de faire pointer une variable (de type *pointeur*) vers une autre. Ici le pointeur stocké à l'adresse 24 pointe vers une variable stockée à l'adresse 253 (les valeurs sont bien évidemment arbitraires).

❑ Comment connaît-on l'adresse d'une variable ?

En réalité vous n'aurez jamais à écrire l'adresse d'une variable, d'autant plus qu'elle change à chaque lancement de programme étant donné que le système d'exploitation alloue les blocs de mémoire qui sont libres, et ceux-ci ne sont pas les mêmes à chaque exécution.

Ainsi, il existe une syntaxe permettant de connaître l'adresse d'une variable, connaissant son nom : il suffit de faire précéder le nom de la variable par le caractère & (« ET commercial ») pour désigner l'adresse de cette variable :

```
&Nom_de_la_variable
```

❑ Intérêt des pointeurs

- Ils permettent de manipuler de façon simple des données pouvant être importantes : au lieu de passer à une fonction un élément très grand (en taille), on pourra par exemple lui fournir un pointeur vers cet élément...
- Les tableaux ne permettent de stocker qu'un nombre fixé d'éléments de même type. En stockant des pointeurs dans les cases d'un tableau, il sera possible de stocker des éléments de taille diverse, et même de rajouter des éléments au tableau en cours d'utilisation (c'est la notion de tableau dynamique qui est très étroitement liée à celle de pointeur).
- Il est possible de créer des structures chaînées, c'est-à-dire comportant des maillons.

Déclaration d'un pointeur

Un **pointeur** est une variable qui doit être définie en précisant le type de variable pointée, de la façon suivante :

```
type * Nom_du_pointeur
```

Le type de variable pointée peut être aussi bien un type primaire (tel que `int`, `char`...) qu'un type complexe (tel que `struct`...).

Attention !

Un pointeur doit **préférentiellement** être typé !

Il est toutefois possible de définir un pointeur sur `void`, c'est-à-dire sur quelque chose qui n'a pas de type prédéfini (`void * toto`). Ce genre de pointeur sert généralement de pointeur de transition, dans une fonction générique, avant un transtypage permettant d'accéder effectivement aux données pointées.

Grâce au symbole « * » le compilateur sait qu'il s'agit d'une variable de type *pointeur* et non d'une variable ordinaire ; de plus, étant donné que vous précisez (obligatoirement) le type de variable, le compilateur saura combien de blocs suivent le bloc situé à l'adresse pointée.

❏ Initialisation d'un pointeur

Après avoir déclaré un pointeur il faut l'**initialiser**. Cette démarche est très importante car lorsque vous déclarez un pointeur, celui-ci contient ce que la case où il est stocké contenait avant, c'est-à-dire n'importe quel nombre. Autrement dit, si vous n'initialisez pas votre pointeur, celui-ci risque de pointer vers une zone hasardeuse de votre mémoire, ce qui peut être un morceau de votre programme ou… de votre système d'exploitation !

Attention !

Un pointeur non initialisé représente un danger !

Pour initialiser un pointeur en langage C, il faut utiliser l'opérateur d'affectation « = »suivi de l'opérateur d'adresse « & » auquel est accolé un nom de variable (celle-ci doit bien sûr avoir été définie avant…) :

```
Nom_du_pointeur = &nom_de_la_variable_pointee;
```

Exemple

```
int a = 2;
char b;
int *p1;
char *p2;
p1 = &a;
p2 = &b;
```

Accéder à une variable pointée

Après (et seulement après) avoir déclaré et initialisé un pointeur, il est possible d'**accéder** au contenu de l'adresse mémoire pointée par le pointeur grâce à l'opérateur « * » du langage C. La syntaxe est la suivante :

```
*variable = valeur;
```

Exemple

```
int a = 2;
*p1 = 10;
*p2 = 'a';
```

Après ces deux instructions, le contenu des variables a et b sera respectivement 10 et 97 (61 en hexadécimal, le code ASCII associé au caractère `'a'`).

Si vous désirez utiliser cette notation dans une expression plus complexe, il sera nécessaire d'employer des parenthèses :

```
a = (*p)++;
```

Chaîne de caractères

Une **chaîne de caractères** (*string*) est une suite de caractères, c'est-à-dire un ensemble de symboles faisant partie du jeu de caractères, défini par le code ASCII.

En langage C, une chaîne de caractères est un tableau, comportant plusieurs données de type `char`, dont le dernier élément est le caractère nul « `\0` », c'est-à-dire le premier caractère du code ASCII (dont la valeur est 0).

Ce caractère est un **caractère de contrôle** (donc non affichable) qui permet d'indiquer une fin de chaîne de caractères. Ainsi une chaîne composée de *n* éléments sera en fait un tableau de *n + 1* éléments de type `char`.

Exemple

Représentation de la chaîne « Bonjour » :

B	o	n	j	o	u	r	\0

Créer une chaîne de caractères

Pour définir une **chaîne de caractères** en langage C, il suffit de définir un tableau de caractères. Le nombre maximum de caractères que comportera la chaîne sera égal au nombre d'éléments du tableau moins un (réservé au caractère de fin de chaîne).

```
char Nom_du_tableau[Nombre_d_elements]
```

Le nombre d'éléments que comporte le tableau définit la **taille maximale** de la chaîne, on peut toutefois utiliser partiellement cet espace en insérant le caractère de fin de chaîne avant le dernier élément du tableau. La taille d'une chaîne de caractères étant égal au nombre de caractères + 1, il est possible de définir une chaîne en faisant apparaître explicitement son nombre d'éléments :

```
char Nom_du_tableau[Nombre_d_elements + 1]

char Chaine[50 + 1]
```

Initialiser une chaîne de caractères

Comme généralement en langage C, il faut **initialiser votre chaîne de caractères**, c'est-à-dire remplir les cases du tableau avec des caractères, sachant que celui-ci devra **obligatoirement** contenir le caractère de fin de chaîne « `\0` ». Il y a deux façons de procéder :

- Remplir manuellement le tableau case par case.
- Utiliser les fonctions de manipulation de chaînes fournies dans les librairies standards.

Exemple

Initialisation manuelle de chaîne de caractères :

```
#include <stdio.h>
void main(){
        char Chaine[20+1];
        Chaine[0]= 'B';
        Chaine[1]= 'o';
        Chaine[2]= 'n';
        Chaine[3]= 'j';
        Chaine[4]= 'o';
        Chaine[5]= 'u';
        Chaine[6]= 'r';
        Chaine[7]= '\0';
}
```

Voici une autre façon (plus simple) d'initialiser une chaîne de caractères :

```
#include <stdio.h>
void main(){
        char Chaine[20+1]={ 'B', 'o', 'n', 'j', 'o', 'u',
        'r', '\0' };
}
```

Fonctions de manipulation de chaînes de caractères

De nombreuses **fonctions de manipulation de chaînes** sont directement fournies. Ces fonctions se trouvent dans le fichier d'en-tête `<string.h>`, c'est la raison pour laquelle il faut ajouter la ligne suivante en début de programme :

```
#include <string.h>
```

Le fichier `<string.h>` contient les prototypes de nombreuses fonctions permettant de simplifier l'utilisation et la manipulation de chaînes (environ une quarantaine).

Structures autoréferrentielles

Une **structure autoréferrentielle** (parfois appelée *structure récursive*) correspond à une structure dont au moins un des champs contient un pointeur vers une structure de même type. De cette façon on crée des éléments (appelés parfois *nœuds* ou *liens*) contenant des données, mais, contrairement à un tableau, celles-ci peuvent être éparpillées en mémoire et reliées entre elles par des **liens logiques** (des pointeurs), c'est-à-dire un ou plusieurs champs dans chaque structure contenant l'adresse d'une ou plusieurs structures de même type :

- Lorsque la structure contient des données et un pointeur vers la structure suivante on parle de **liste chaînée.**
- Lorsque la structure contient des données, un pointeur vers la structure suivante, et un pointeur vers la structure précédente on parle de **liste chaînée double.**
- Lorsque la structure contient des données, un pointeur vers une première structure suivante, et un pointeur vers une seconde, on parle d'**arbre binaire.**

Liste chaînée

Une **liste chaînée** est une structure comportant des champs contenant des données et un pointeur vers une structure de même type. Ainsi, la structure correspondant à une liste chaînée contenant une chaîne de 15 caractères et un entier ressemble à ceci :

```
struct Nom_de_la_liste {
char Chaine[16];
int Entier;
struct Nom_de_la_liste * pSuivant;
};
```

On représente généralement cette structure de la manière suivante :

Chaîne
Entier
Pointeur vers suivant

Une liste chaînée se représente donc de la façon suivante :

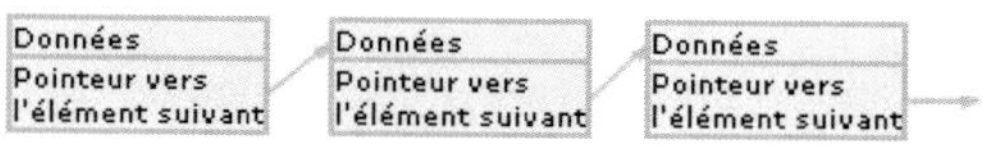

En réalité la déclaration de la structure et la récursivité de celle-ci grâce à des pointeurs est nécessaire car cela crée une chaîne d'enregistrements liés par des liens logiques, mais cela n'est pas suffisant. En effet, il est nécessaire de conserver une « trace » du premier enregistrement afin de pouvoir accéder aux autres, c'est pourquoi un pointeur vers le premier élément de la liste est indispensable. Ce pointeur est appelé **pointeur de tête**. D'autre part, étant donné que le dernier enregistrement ne pointe vers rien, il est nécessaire de donner à son pointeur la valeur NULL.

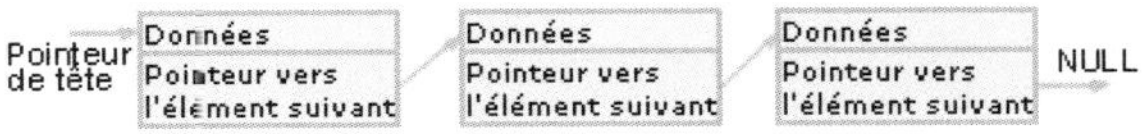

Pour créer une liste chaînée en langage C, il s'agit dans un premier temps de définir la structure de données, ainsi qu'un pointeur vers une structure du type de celle définie précédemment, afin de pointer vers la tête de la liste, c'est-à-dire le premier enregistrement :

```
struct Liste {
char Chaine[16];
struct Liste * pSuivant;
};
struct Liste *Nouveau;
struct Liste *Tete;
Tete = NULL;
```

❑ Ajout d'un premier élément

Une fois la structure et les pointeurs définis, il est possible **d'ajouter un premier maillon** à la liste chaînée, puis de l'affecter au pointeur *Tete*. Pour cela il est nécessaire :

- D'allouer la mémoire nécessaire au nouveau maillon grâce à la fonction `malloc()`, selon la syntaxe suivante :

```
Nouveau = (Liste*)malloc(sizeof(struct Liste));
```

- D'assigner au champ « pointeur » du nouveau maillon, la valeur du pointeur vers le maillon de tête :

```
Nouveau->pSuivant = Tete;
```

➤ De définir le nouveau maillon comme maillon de tête :

```
Tete = Nouveau;
```

Attention !

Il est conseillé de tester la valeur renvoyée en retour par la fonction `malloc()` afin de savoir si l'allocation dynamique de mémoire s'est déroulée correctement.

❑ Ajout d'un élément en fin de liste

L'ajout d'un élément à la **fin de la liste chaînée** est similaire, à la différence près qu'il faut définir un pointeur, appelé généralement **pointeur courant**, afin de parcourir la liste jusqu'à atteindre le dernier maillon (celui dont le pointeur possède la valeur NULL). Les étapes à suivre sont donc :

➤ la définition d'un pointeur courant :

```
struct Liste * pCourant;
```

➤ le parcours de la liste chaînée jusqu'au dernier nœud :

```
if (Tete != NULL)
{
pCourant = Tete;
while(pCourant->pSuivant != NULL) {
      pCourant = pCourant->pSuivant;
       }
}
```

➤ l'allocation de mémoire pour le nouvel élément :

```
Nouveau = (Liste*)malloc(sizeof(struct Liste));
```

➤ pointage du pointeur courant vers le nouveau nœud, et pointage du nouveau nœud vers NULL :

```
pCourant->pSuivant = Nouveau;
Nouveau->pSuivant = NULL;
```

Liste chaînée double

Une **liste chaînée double** est basée sur le même principe que la liste chaînée simple, à la différence près qu'elle contient non seulement un pointeur vers le maillon suivant mais aussi un pointeur vers le maillon précédent, permettant de cette façon le parcours de la liste dans les deux sens. Ainsi, la structure correspondant à une liste chaînée double contenant une chaîne de 15 caractères et un entier ressemble à ceci :

```
struct Liste {
char Chaine[16];
int Entier;
struct Liste * pSuivant;
struct Liste * pPrecedent
};
```

On représente généralement cette structure de la manière suivante :

Données
Pointeur vers suivant
Pointeur vers précédent

Une liste chaînée double se représente donc de la façon suivante :

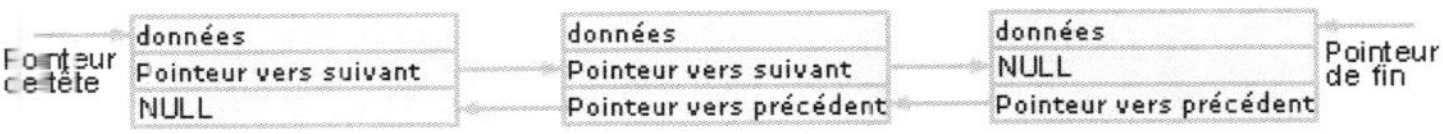

Fonctions et procédures

On appelle **fonction** un sous-programme nommé qui permet d'effectuer un ensemble d'instructions par simple appel de la fonction par son nom dans le corps du programme principal.

Les fonctions permettent d'exécuter dans plusieurs parties du programme une même série d'instructions, afin d'obtenir une simplification du code et donc une taille de programme minimale. De plus, une fonction peut faire appel à elle-même, on parle alors de **fonction récursive**.

Selon les langages, une fonction pourra s'appeler **procédure** si elle ne retourne pas de valeur en sortie.

Déclaration de fonction

Avant d'être utilisée, **une fonction doit être définie** car pour l'appeler dans le corps du programme il faut que le compilateur la connaisse, c'est-à-dire qu'il connaisse son nom, ses arguments et les instructions qu'elle contient. La définition d'une fonction s'appelle **déclaration**. La déclaration d'une fonction se fait selon la syntaxe suivante :

```
type_de_donnee Nom_De_La_Fonction(type1 argument1, type2
argument2, ...) {
                liste d'instructions
}
```

`type_de_donnee` représente le type de valeur que la fonction est censée retourner (`char`, `int`, `float`...) :

- Si la fonction ne renvoie aucune valeur, on la fait alors précéder du mot-clé `void`.
- Si aucun type de donnée n'est précisé (cela est très vilain !), le type `int` est pris par défaut.

Le nom de la fonction suit généralement les mêmes règles que les noms de variables :

- Le nom doit commencer par une lettre.
- Le nom de la fonction, comme celui des variables peut être sensible à la casse (différenciation entre les minuscules et majuscules).
- Les arguments sont facultatifs, mais s'il n'y a pas d'arguments, les parenthèses doivent rester présentes. Il ne faut pas oublier de refermer les accolades.

Attention !

Le nombre d'accolades ouvertes (fonction, boucles et autres structures) doit être égal au nombre d'accolades fermées ! La même chose s'applique pour les parenthèses, les crochets ou les guillemets.

Une fois cette étape franchie, votre fonction ne s'exécutera pas tant que l'on ne fait pas appel à elle quelque part dans la page !

Appel de fonction

Pour exécuter une fonction, il suffit de faire **appel** à elle en écrivant son nom (en veillant le cas échéant à respecter la casse) suivie d'une parenthèse ouverte (éventuellement des arguments) puis d'une parenthèse fermée :

```
Nom_De_La_Fonction();
```

Si jamais des arguments ont été définis lors de la déclaration de la fonction, il faudra veiller à les inclure lors de l'appel de la fonction (le même nombre d'arguments séparés par des virgules !)

```
Nom_De_La_Fonction(argument1, argument2);
```

Prototype de fonction

Le langage C++ impose la déclaration d'un **prototype de fonction**, c'est-à-dire la description d'une fonction avant même sa déclaration. Cette description permet au compilateur de « vérifier » la validité de la fonction à chaque fois qu'il la rencontre dans le programme, en lui indiquant :

- Le type de valeur renvoyée par la fonction.
- Le nom de la fonction.
- Les types d'arguments.

Contrairement à la **définition** de la fonction, le prototype n'est pas suivi du corps de la fonction (contenant les instructions à exécuter), et ne comprend pas le nom des paramètres (seulement leur type). Un prototype de fonction ressemble donc à ceci :

```
Type_de_donnee_renvoyee Nom_De_La_Fonction(type_argument1,
                                           type_argument2, ...);
```

Exemple

```
void Affiche_car(char, int);
int Somme(int, int);
```

> **Attention !**
>
> Le langage C++ impose qu'une fonction qui ne retourne aucune valeur soit précédée du type `void` !

Arguments d'une fonction

Il est possible de passer des **arguments** (appelés aussi *paramètres*) à une fonction, c'est-à-dire lui fournir une valeur ou le nom d'une variable afin que la fonction puisse effectuer des opérations sur ces arguments ou bien grâce à ces arguments. Le passage d'arguments à une fonction se fait au moyen d'une liste d'arguments (séparés par des virgules) entre parenthèses suivant immédiatement le nom de la fonction.

Le nombre et le type d'arguments dans la déclaration, dans le prototype et dans l'appel doivent correspondre sinon il y a un risque de générer une erreur lors de la compilation...

Un argument peut être : une constante, une variable, une expression ou une autre fonction.

Valeur par défaut des arguments

Il arrive généralement que l'on ait à passer souvent une même valeur en paramètre à une fonction. Ainsi, pour simplifier les appels de fonctions comportant un paramètre qui varie peu, le langage C++ permet de déclarer des valeurs par défaut dans le prototype de la fonction,

Exemple

```
void fonction(int parametre1, char parametre2,
              float parametre3=4.5);
void main() {
char c='a';
fonction(8,c);
}
void fonction(int parametre1, char parametre2,
              float parametre3){
cout << parametre1 << parametre2 << parametre3;
}
```

La fonction `cout` permet d'afficher parametre1, parametre2, et parametre3.

Attention !

Les paramètres par défaut doivent être les derniers de la liste, c'est-à-dire ceux les plus à droite. Ils sont uniquement déclarés dans le prototype (et non dans sa définition).

Renvoi d'une valeur par une fonction

La fonction peut **renvoyer une valeur** (et donc se terminer) grâce au mot-clé `return`. Lorsque l'instruction `return` est rencontrée, la fonction évalue la valeur qui la suit, puis la renvoie au programme appelant (programme à partir duquel la fonction a été appelée).

Une fonction peut contenir plusieurs instructions `return`, ce sera toutefois la première instruction `return` rencontrée qui provoquera la fin de la fonction et le renvoi de la valeur qui la suit. La syntaxe de l'instruction `return` est simple :

```
return valeur_ou_variable;
```

Attention !

Le type de valeur retourné doit correspondre à celui qui a été précisé dans la définition (et le prototype).

Portée des variables

Selon l'endroit où une variable est déclarée, celle-ci pourra être accessible (visible) de partout dans le code ou bien uniquement dans une portion confinée de celui-ci (à l'intérieur d'une fonction par exemple), on parle de **portée** (ou *visibilité*) d'une variable.

- Lorsqu'une variable est **déclarée dans le code** même (ou au début du code avant tout bloc de données), c'est-à-dire à l'extérieur de toute fonction ou de tout bloc d'instructions, elle est accessible de partout dans le code (n'importe quelle fonction du programme peut faire appel à cette variable). On parle alors de **variable globale**.
- Lorsqu'une variable est **déclarée à l'intérieur d'un bloc d'instructions** (entre des accolades, dans une fonction ou une boucle par exemple), sa portée se confine à l'intérieur du bloc dans lequel elle est déclarée, elle est inutilisable ailleurs. On parle alors de **variable locale**

D'une manière générale, il est tout de même préférable de donner des noms différents aux variables locales et globales…

Surcharge de fonction

Un des apports les plus intéressants du C++ par rapport au C, hormis l'ajout du concept d'objet, est la possibilité d'appeler plusieurs fonctions avec le même nom, pour peu que celles-ci aient leurs arguments différents (en type et/ou en nombre). Ce principe est appelé **surcharge de fonction**. Il permet de donner le même nom à des fonctions comportant des paramètres différents et simplifie donc l'écriture de fonctions sémantiquement similaires sur des paramètres de type différent.

Une fonction est déterminée par ce que l'on appelle sa **signature**, c'est-à-dire : son **nom** et ses **paramètres**. Il est ainsi possible de définir une fonction réalisant la même opération sur des variables différentes en nombre ou en type :

```
int somme( int p1, int p2){
       return (p1 + p2);
}
float somme( float p1, float p2){
       return (p1 + p2);
}
float somme( float p1, float p2, float p3){
       return (p1 + p2 + p3);
}
int somme( float p1, int p2){
       return (int(p1) + p2);
}
```

API

Une **API** (*Application Programmable Interface*, traduisez *interface de programmation* ou *interface pour l'accès programmé aux applications*) est un **ensemble de fonctions** permettant d'accéder aux services d'une application par l'intermédiaire d'un langage de programmation.

Elle permet de fournir un certain niveau d'abstraction au développeur, c'est-à-dire qu'elle lui masque la complexité de l'accès à un système ou à une application en proposant un jeu de fonctions standards dont seuls les paramètres et les valeurs retournées sont connus. Le développeur n'a donc pas à se soucier de la façon dont l'application distante fonctionne, ni de la manière dont les fonctions ont été implémentées.

Une API peut être disponible pour un langage particulier ou bien être disponible pour plusieurs langages de programmation.

Entrées-sorties (fichiers)

Un **fichier** (*file*) est une suite d'informations binaires, c'est-à-dire une suite de 0 et de 1, stocké sur un support de stockage afin de garder une trace de ces informations.

Ce fichier est généralement enregistré sur le disque dur avec un nom de fichier de la forme **nom_du_fichier.ext** où **.ext** est une partie du nom facultative permettant de connaître le type du fichier, c'est-à-dire le type de programme avec lequel ce fichier peut être ouvert (attention, cela ne fournit aucune garantie sur le type de fichier).

Un fichier contient un **en-tête** qui permet de stocker des informations supplémentaires, comme le type de fichier et surtout sa taille. Il contient aussi un **caractère de fin de fichier** signalant que les informations situées au-delà de ce caractère ne font plus partie du même fichier.

Répertoire

Un **répertoire** (appelé également *dossier* ou *folder*) est un objet informatique pouvant contenir des fichiers.

Imaginez une grande commode qui contient des tiroirs dans lesquels pourraient se trouver des fichiers ainsi que d'autres tiroirs. Un répertoire peut en effet contenir : des fichiers, d'autres répertoires.

❑ Relations relatives

En reprenant l'exemple de la commode, la plus grande entité contenant d'autres entités est la commode : elle ne peut pas se trouver dans un tiroir!

Dans le cas de l'informatique, on appelle cette entité **le répertoire racine** (appelé parfois *racine* ou *root directory*) : il s'agit de l'entité de plus bas niveau, car elle peut contenir des fichiers ou des répertoires mais ne peut pas se trouver elle-même dans un répertoire ! On la note « \ » sur les systèmes Windows ou « / » sur les systèmes Unix/Linux. La racine est unique sous les systèmes de type Unix et il en existe une par partition sous les systèmes Microsoft Windows.

Un répertoire qui en contient un autre est dit **répertoire parent**. Lorsque d'un répertoire on veut aller au répertoire parent, celui-ci est désigné par « .. » sur la plupart des systèmes (« cd .. » permet d'accéder à un répertoire parent).

Exemple

Système de répertoires sous les systèmes Windows.

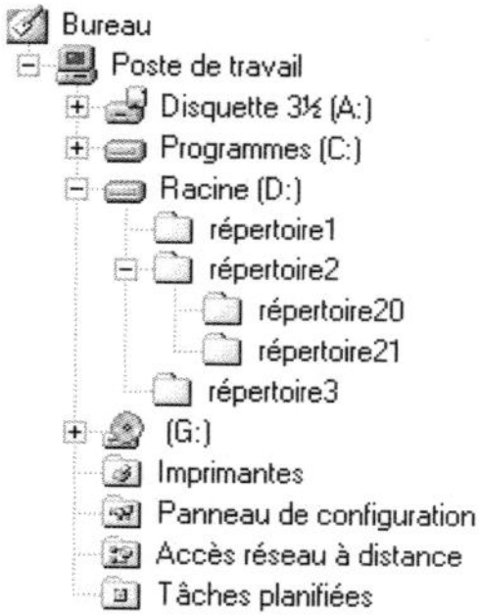

Dans cet exemple, `répertoire2` est parent de `répertoire20` et de `répertoire21`. `répertoire2` vis-à-vis de `répertoire20` sera ainsi notée « .. ». La racine (d:\) vis-à-vis de `répertoire20` sera quant à elle notée « ..\.. » car deux relations de parenté les séparent.

❑ Notion de chemin

On appelle **chemin** (*path*) la succession des répertoires en partant de la racine pour atteindre un fichier. Sous les systèmes Windows, un chemin sera de la forme `x:\repertoire1\repertoire2\` tandis que sous un système Unix, il sera noté */repertoire1/repertoire2/*.

Entrées-sorties standard

Lors de l'exécution d'un programme, un processus est créé. Celui-ci va alors ouvrir trois flux :

- **STDIN**, appelée **entrée standard**, dans lequel le processus va lire les données d'entrée. Par défaut STDIN correspond au clavier, il est identifié par le numéro 0.
- **STDOUT**, appelée **sortie standard**, dans lequel le processus va écrire les données de sortie. Par défaut STDOUT correspond à l'écran, il est identifié par le numéro 1.
- **STDERR**, appelée **erreur standard**, dans lequel le processus va écrire les messages d'erreur. Par défaut STDERR correspond également à l'écran (les sorties du programme et ses erreurs sont affichées sur l'écran), il est identifié par le numéro 2 ;

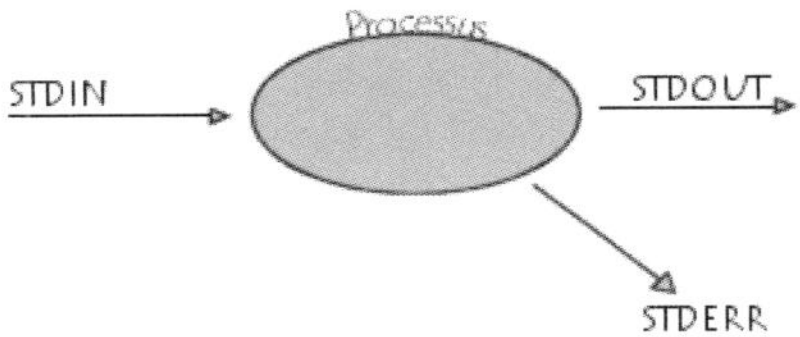

Par défaut lors de l'exécution d'un programme, les données sont lues à partir du clavier et le programme envoie sa sortie et ses erreurs sur l'écran, mais il est possible de lire les données à partir de n'importe quel périphérique d'entrée, voire à partir d'un fichier et d'envoyer la sortie sur un périphérique d'affichage, un fichier, etc.

Descripteur de fichier

Le **descripteur** (*handle*, traduisez *poignée*) est une variable permettant de manipuler une connexion d'entrée-sortie. Les fichiers, étant des entrées-sorties, ils sont manipulés à l'aide d'un **descripteur de fichier** (*filehandle*) !

fopen()

La fonction de base est la **fonction** `fopen()`. C'est elle qui permet d'ouvrir un fichier – que ce soit pour le lire, le créer, ou y écrire –, et qui retourne en sortie un entier : le **descripteur de fichier**. Voilà sa syntaxe :

```
entier fopen(chaine nomdufichier, chaine mode);
```

Le mode indique le type d'opérations qu'il sera possible d'effectuer sur le fichier après ouverture. Il s'agit généralement d'une lettre (en réalité une chaîne de caractères) indiquant l'opération possible :

- **r** (*read*) qui indique une ouverture en lecture seulement.
- **w** (*write*) qui indique une ouverture en écriture seulement (la fonction crée le fichier s'il n'existe pas).
- **a** (*append*) qui indique une ouverture en écriture seulement avec ajout du contenu à la fin du fichier (la fonction crée le fichier s'il n'existe pas).

Lorsque le mode est suivi du caractère **+** celui-ci peut être lu et écrit. Enfin, le fait de faire suivre le mode par la lettre **b** entre crochets indique que le fichier est traité de façon binaire.

Mode	Description
r	Ouverture en lecture seulement.
w	Ouverture en écriture seulement (la fonction crée le fichier s'il n'existe pas).
a	Ouverture en écriture seulement avec ajout du contenu à la fin du fichier (la fonction crée le fichier s'il n'existe pas).
r+	Ouverture en lecture et écriture.
w+	Ouverture en lecture et écriture (la fonction crée le fichier s'il n'existe pas).
a+	Ouverture en lecture et écriture avec ajout du contenu à la fin du fichier (la fonction crée le fichier s'il n'existe pas).

Exemple

Utilisation de la fonction `fopen()` :

```
$fp = fopen("../fichier.txt","r"); //lecture
//écriture depuis début du fichier
```

```
while (!feof($fp)) { //on parcourt toutes les lignes
  $page .= fgets($fp, 4096); // lecture du contenu de la
ligne
}
```

Il est généralement utile de tester si l'ouverture de fichier s'est bien déroulée afin éventuellement de stopper l'exécution du code si cela n'est pas le cas :

```
<?
if (!$fp = fopen("../fichier.txt ","r")) {
       echo "Echec de l'ouverture du fichier";
       exit;
}
else {
// votre code;
}
?>
```

Attention !

Un fichier ouvert avec la fonction `fopen()` doit être fermé, à la fin de son utilisation, par la fonction `fclose()`, en lui passant en paramètre l'entier retourné par la fonction `fopen()`.

Lecture et écriture

Une fois que le fichier a été ouvert avec le mode désiré, il est possible de lire son contenu et d'y écrire des informations grâce aux fonctions :

- **`fputs()`** (aussi parfois appelée **`fwrite()`**, les deux noms sont équivalents, on parle d'*alias*) permettant d'écrire une chaîne de caractères dans le fichier :

  ```
  entier fputs(entier Etat_du_fichier, chaine Sortie);
  ```

  `fputs` renvoie le nombre de caractères effectivement écrits dans le fichier.

- **`fgets()`** permet de récupérer une ligne du fichier :

  ```
  chaîne fgets(entier Etat_du_fichier, entier Longueur);
  ```

Le paramètre `Longueur` désigne le nombre de caractères maximum que la fonction est censée récupérer sur la ligne. La fonction `fgets()` renvoie 0 en cas d'échec, la chaîne dans le cas contraire.

Étant donné que la fonction `fgets()` récupère à chaque appel une nouvelle ligne du fichier, il est essentiel, pour récupérer l'intégralité du contenu d'un fichier, de l'insérer dans une boucle `while`.

Ainsi, on utilise la fonction **`feof()`**, fonction testant si la fin du fichier n'a pas été atteinte, en tant que test de la boucle `while`. De cette façon, tant que la fin du fichier n'a pas été atteinte, on lit la ligne suivante du fichier...

```
<?
if (!$fp = fopen("fichier.txt","r")) {
        echo "Echec de l'ouverture du fichier";
        exit;
}
else {
        while(!feof($fp)) {
        // On récupère une ligne
                $Ligne = fgets($fp,255);
        // On affiche la ligne
                echo $Ligne;
       // On stocke l'ensemble des lignes dans une variable
                $Fichier .= $Ligne;
        }
        fclose($fp); // On ferme le fichier
}
?>
```

Pour **stocker des infos dans le fichier**, il faut dans un premier temps ouvrir le fichier en écriture en le créant s'il n'existe pas. On a donc le choix entre le mode `w` et le mode `a`. On préférera le second puisque le pointeur se trouve en fin de fichier (autrement dit on écrit à la suite de ce qui se trouve dans le fichier au lieu d'écraser le contenu existant éventuellement déjà).

```
<?
$fp = fopen("php_8_fichier.txt","a"); // ouverture du fichier
                                       // en écriture
fputs($fp, "\n"); // on va a la ligne
```

```
fputs($fp, "$nom|$email"); // on écrit le nom et email
                           // dans le fichier
fclose($fp);
?>
```

Tests de fichiers

La plupart des langages proposent des API permettant de réaliser des opérations sur les fichiers. Le langage PHP fournit notamment de nombreuses fonctions permettant de faire des **tests sur les fichiers** pour connaître leurs propriétés. Voici la liste des fonctions des tests :

- **`is_dir()`** permet de savoir si le fichier dont le nom est passé en paramètre correspond à un répertoire :

  ```
  booléen is_dir(chaine Nom_du_fichier);
  ```

  La fonction `is_dir()` renvoie 1 si il s'agit d'un répertoire, 0 dans le cas contraire :

  ```
  <?
  if (!is_dir("install")) {
          echo "Il ne s'agit pas d'un répertoire";
  }
  else {
          echo "Il s'agit bien d'un répertoire";
  }
  ?>
  ```

- **`is_executable()`** permet de savoir si le fichier dont le nom est passé en paramètre est exécutable :

  ```
  booléen is_executable(chaine Nom_du_fichier);
  ```

  La fonction `is_executable()` renvoie 1 si le fichier est exécutable, 0 dans le cas contraire :

- **`is_file()`** permet de savoir si le fichier dont le nom est passé en paramètre ne correspond ni à un répertoire, ni à un lien symbolique :

  ```
  booléen is_file(chaine Nom_du_fichier);
  ```

  La fonction `is_file()` renvoie 1 si il s'agit d'un fichier, 0 dans le cas contraire :

- `is_link()` permet de savoir si le fichier dont le nom est passé en paramètre correspond à un lien symbolique :

  ```
  booléen is_link(chaine Nom_du_fichier);
  ```

  La fonction `is_link()` renvoie 1 si il s'agit d'un lien symbolique, O dans le cas contraire.

Expressions régulières

Une **expression régulière**, est un motif créé à l'aide de caractères ASCII permettant de capturer des portions d'une chaîne de caractères, afin de les manipuler. La plupart des langages de programmation possèdent des fonctions permettant de créer et de manipuler des expressions régulières.

La syntaxe de création d'une expression régulière peut changer d'un langage de programmation à un autre, mais elle ressemble généralement à :

```
/motif/drapeau
```

Le **motif** (*pattern*) représente l'expression régulière en elle-même tandis que le **drapeau** optionnel (*flag*) permet de préciser le comportement de l'expression régulière :

- **g** (*global*) indique une recherche globale sur la chaîne de caractère et indique une recherche de toutes les occurrences.
- **i** (*ignore case*) indique une recherche non sensible à la casse, c'est-à-dire que la recherche se fait indépendamment de l'écriture en majuscule ou minuscule de la chaîne.
- **m** (*multiline*) définit une recherche sur plusieurs lignes. Par défaut, une expression régulière s'applique ligne par ligne.
- **s** (*dotall*) permet de considérer un retour chariot comme un caractère quelconque, pouvant être capturé par le caractère universel « . ».
- **x** (*extended*) autorise l'utilisation d'expressions régulières étendues, dans lesquelles les espaces sont ignorés.

Les drapeaux peuvent être combinés en indiquant les lettres (par exemple **gi** correspond à une recherche globale non sensible à la casse).

Construire une expression régulière

Les **expressions régulières** permettent de rechercher des **occurrences** (c'est-à-dire une suite de caractères correspondant à ce que l'on recherche) grâce à une série de caractères spéciaux. L'expression régulière en elle-même est donc une chaîne de caractère contenant des caractères spéciaux et des caractères standard, du genre :

```
^B[a-z]{2,}t*(e)?a+u$
```

Pour **rechercher** un caractère faisant partie des **caractères spéciaux**, il suffit de le faire précéder d'un antislash (sauf entre crochets) :

Caractère spécial	Échappement	Caractère spécial	Échappement
\	\\	{	\{
.	\.	}	\}
$	\$	^	\^
[	\[	?	\?
]	\]	*	*
(	\(	+	\+
)	\)	-	\-

❑ Début et fin de chaîne

Les symboles `^` et `$` indiquent respectivement le début et la fin d'une chaîne, et permettent donc de la délimiter :

```
"^debut": chaîne qui commence par "debut"
"fin$": chaîne qui se termine par "fin"
"^chaîne$": chaîne qui commence et se termine par "chaîne"
"abc": chaîne contenant la chaîne "abc"
```

❑ Nombre d'occurrences

Les symboles `*`, `+` et `?`, signifient respectivement « zéro ou plusieurs », « moins un », « un ou aucun ». Ils permettent de donner une notion de quantité.

- abc+ : chaîne qui contient ab suivi d'au moins un c (un ou plusieurs) : abc, abcc, abccc, etc.
- abc* : chaîne qui contient ab suivi de zéro ou plusieurs c : ab, abc, abcc, etc.
- abc? : chaîne qui contient ab suivi de zéro ou un c : ab ou abc uniquement.
- ^abc+ : chaîne commençant par ab suivi de un ou plusieurs c : abc, abcc, etc.

Les accolades {X,Y} permettent de donner des limites précises de nombre d'occurrences :

- abc{2} : chaîne qui contient ab suivi de deux c : abcc.
- abc{2,} : chaîne qui contient ab suivi de deux c ou plus : abcc, abccc, etc.
- abc{2,4} : chaîne contenant ab suivi 2, 3 ou 4 c : abcc, abccc, abcccc .

Il est à noter que si le second nombre est omis, la limite supérieure est infinie. En revanche, le premier nombre indiquant la limite inférieure est obligatoire : {0,2}, mais pas {,2}.

Les symboles vus précédemment (*, + et ?) sont respectivement équivalents à {0,}, {1,} et {0,1}.

Parenthèses capturantes

Les **parenthèses** ( ) permettent de représenter une séquence de caractères et de **capturer** le résultat. Les occurrences correspondant au motif entre parenthèses sont accessibles dans les fonctions de remplacement sous les notations $x ou \x où x représente un entier permettant de déterminer la parenthèse capturante.

$0 (ou \0 selon le langage) désigne l'ensemble du motif, tandis que $1, $2, etc. désignent les parenthèses capturantes de gauche à droite.

Exemple

```
/(w+)\.commentcamarche\.(.)/
```

La première parenthèse correspond à $1 et contiendra www pour la chaîne www.commentcamarche.net. La variable $2 en revanche contiendra la sous-chaîne net.

Les **parenthèses** jouent également un rôle de bloc de caractères, c'est-à-dire un ensemble de caractères sur lesquels une règle s'applique :

- Ainsi, dans l'exemple suivant, le **signe** + s'applique à l'ensemble de la parenthèse :

  `a(bc)+` : chaîne qui contient `a` suivie de au moins une occurrence de la chaîne `bc` soit `abc`, `abcbc`, `abcbcbc`, etc.
- Le **point** (.) indique n'importe une occurrence de n'importe quel caractère :
  - `"^.{3}$"`: chaîne qui contient 3 caractères
  - `".*"`: Tous les caractères (ou aucun)

> **Attention !**
>
> Pour désigner le caractère « . », il est nécessaire de le précéder d'une barre oblique inverse pour l'échapper !

- Utilisée dans des parenthèses, la **barre verticale** | se comporte en tant qu'opérateur OU :
  - `"(un|le)"` contient `"un"` ou `"le"`
  - `"(un|le) chien"` correspond à `"un chien"` ou `"le chien"`
  - `"commentcamarche\.((net)|(com)|(org))"` correspond à `"commentcamarche.net"`, `"commentcamarche.com"` ou `"commentcamarche.org"`

Liste de caractères

Les crochets `[ ]` définissent une liste de caractères autorisés (ou interdits). Le signe `-`, lorsqu'il est utilisé au sein de crochets, permet de définir un intervalle. Enfin, lorsqu'il est utilisé directement après le premier crochet, le caractère `^` indique une interdiction.

- `[abc]` : chaîne qui contient un `a`, un `b`, ou un `c`.
- `[a-z]` : chaîne qui contient un caractère compris entre `a` et `z`.
- `[^a-zA-Z]` : chaîne qui ne commence pas par une lettre.

Chaque caractère présent entre les crochets représente ce qu'il est. Pour représenter un] il faut le mettre en premier (ou après un ^ si c'est une interdiction). Étant donné que le signe - sert à définir un intervalle, il est nécessaire de commencer ou de terminer par ce caractère lorsque l'on veut indiquer qu'il fait partie des caractères autorisés :

- `[-ag]` : chaîne qui contient un moins (-), un a, ou un g.
- `[a-g]` : chaîne qui contient un caractère compris entre a et g.
- `[\+?{}.]` : chaîne qui contient un de ces six caractères.
- `[]-]` : chaîne qui contient le caractère] ou le caractère -.

Caractères spéciaux

Il existe enfin des **caractères spéciaux** (précédés d'une barre oblique inverse) représentant des types de caractères spécifiques.

Caractère spécial	Utilité
`\b`	Permet de capturer une coupure de mot, c'est-à-dire des caractères situés au tout début ou à la fin d'un mot. Par exemple `he\b` permet de capturer `CommentCaMarche` mais pas `chenil`. De la même façon `\bCo` permet de capturer `CommentCaMarche` mais pas `DéCor`.
`\B`	Permet de capturer les caractères non précédés ou suivis d'une coupure de mot, c'est-à-dire des caractères situés au milieu d'un mot. Par exemple `ment\B` permet de capturer `CommentCaMarche` mais pas `Comment Ca Marche`.
`\c`*`Caractère`*	Permet de capturer un caractère de contrôle (correspondant à la combinaison *Ctrl+Caractère*. Par exemple "\cC" permet de capturer la séquence *Ctrl+c*.
`\d`	Permet de capturer un caractère numérique. `\d` est ainsi équivalent à `[0-9]`.
`\f`	Permet de capturer un saut de page.
`\n`	Permet de capturer un saut de ligne.
`\r`	Permet de capturer un retour chariot.
`\s`	Permet de capturer un « caractère blanc » (espace, retour chariot, tabulation, saut de ligne, saut de page).

Caractère spécial	Utilité
`\S`	Permet de capturer un « caractère non blanc » (tous les caractères sauf espace, retour chariot, tabulation, saut de ligne, saut de page).
`\t`	Permet de capturer une tabulation horizontale.
`\v`	Permet de capturer une tabulation verticale.
`\w`	Permet de capturer un caractère alphanumérique (y compris le caractère _). `\w` est ainsi équivalent à `[a-zA-Z0-9_]`.
`\W`	Permet de capturer un caractère non alphanumérique. `\W` est ainsi équivalent à *[^a-zA-Z0-9_]*.
`\o`*Nombre*	Permet de capturer un nombre en base octale (base 8).
`\x`*Nombre*	Permet de capturer un nombre en base hexadécimale (base 16).

❑ Classes de caractères

Il peut également être utile de vérifier si une chaîne contient des caractères d'un certain type (numérique, alphanumérique...) sans avoir à les énumérer. Pour cela les expressions régulières définissent des **classes de caractères**, dont la syntaxe est la suivante :

```
[:classe:]
```

Les classes de caractères sont définies par le standard POSIX. Voici un tableau récapitulant certaines de ces classes.

Nom de la classe	Description
`[:alnum:]`	Caractères alphanumériques (équivalent à `[A-Za-z0-9]`)
`[:alpha:]`	Caractères alphabétiques *([A-Za-z])*
`[:blank:]`	Caractères blancs (espace, tabulation, équivalent à `[ \t]`)
`[:ctrl:]`	Caractères de contrôle (les premiers du code ASCII)
`[:digit:]`	Chiffre (`[0-9]`)
`[:graph:]`	Caractère d'imprimerie (qui s'affiche à l'écran)
`[:print:]`	Caractère imprimable (tout sauf les caractères de contrôle)

Nom de la classe	Description
[:punct:]	Caractère de ponctuation
[:space:]	Caractère d'espacement
[:upper:]	Caractère majuscule
[:xdigit:]	Caractère hexadécimal

Exemple

Chaîne composée d'un ou plusieurs caractère(s) alphanumérique(s) : `^[:alnum:]+$`

Chaîne contenant un caractère de ponctuation ou un caractère d'espacement : `[:punct:]|[:space:]`

Chaîne contenant un nombre : `^[:digit:]+$`

❑ Tableau récapitulatif

Voici un tableau récapitulatif des caractères spéciaux utilisés dans les expressions régulières.

Caractère	Utilité
\	Permet d'échapper le caractère spécial qui le suit.
[]	Définit une liste de caractères acceptés ou rejetés ([^]).
()	Définit et capture un élément composé de l'expression régulière qu'elle contient.
{}	Les accolades lorsqu'elles contiennent un ou plusieurs chiffres séparés par des virgules représentent le nombre d'occurrences de l'élément les précédant (par exemple p{2,5} correspond à ppp, pppp ou ppppp
-	Un moins entre deux caractères dans une liste représente un intervalle (par exemple [a-d] représente [abcd]).
.	Le caractère point représente un caractère quelconque.
*	Le caractère astérisque indique un nombre d'occurrences indéterminé (y compris aucune) de l'élément le précédant.
+	Indique une ou plusieurs occurrences de l'élément le précédant.

<table>
<tr><th>Caractère</th><th>Utilité</th></tr>
<tr><td>?</td><td>Le caractère « point d'interrogation » indique une occurrence éventuelle (0 ou 1) de l'élément le précédant.</td></tr>
<tr><td>|</td><td>La barre verticale signifie l'occurrence de l'élément situé à sa gauche ou de celui situé à sa droite (lard|cochon)</td></tr>
<tr><td>^</td><td>Placé en début d'expression il signifie « chaîne commençant par ... ». Utilisé entre crochet, immédiatement après le crochet ouvrant, il signifie "ne contenant pas les caractères suivants.</td></tr>
<tr><td><code>[abc]</code></td><td>Permet de rechercher les caractères compris entre les crochets.</td></tr>
<tr><td><code>[^abc]</code></td><td>Permet de rechercher tous les caractères sauf ceux compris entre les crochets.</td></tr>
<tr><td>$</td><td>Placé en fin d'expression il signifie « chaîne finissant par ... »</td></tr>
</table>

Programmation orientée objet

La **programmation orientée objet** consiste à modéliser informatiquement un ensemble d'éléments d'une partie du monde réel que l'on appelle **domaine**, en un ensemble d'entités informatiques. Ces entités informatiques sont appelées **objets**. Il s'agit de données informatiques regroupant les principales caractéristiques des éléments du monde réel (taille, couleur...).

La notion d'objet

L'**approche objet** est une idée qui a désormais fait ses preuves. Simula a été le premier langage de programmation à implémenter le concept de **classes** en 1967 ! En 1976, Smalltalk implémente les concepts d'encapsulation, d'agrégation, et d'héritage (les principaux concepts de l'approche objet). D'autre part, de nombreux langages orientés objets ont été mis au point dans un but universitaire (Eiffel, Objective C, Loops, etc.).

La difficulté de cette **modélisation** consiste à créer une représentation abstraite, sous forme d'objets, d'entités ayant une existence matérielle (chien, voiture, ampoule...) ou bien virtuelle (sécurité sociale, temps...).

Un **objet** est caractérisé par plusieurs notions :

- Les **attributs** : il s'agit des données caractérisant l'objet. Ce sont des variables stockant des informations d'état de l'objet.

- Les **méthodes** (appelées parfois *fonctions membres*) : les méthodes d'un objet caractérisent son comportement, c'est-à-dire l'ensemble des actions (appelées *opérations*) que l'objet est à même de réaliser. Ces opérations permettent de faire réagir l'objet aux sollicitations extérieures (ou d'agir sur les autres objets). De plus, les opérations sont étroitement liées aux attributs, car leurs actions peuvent dépendre des valeurs des attributs, ou bien les modifier
- L'**identité** : l'objet possède une identité, qui permet de le distinguer des autres objets, indépendamment de son état. On construit généralement cette identité grâce à un identifiant découlant naturellement du problème (par exemple un produit pourra être repéré par un code, une voiture par un numéro de série, etc.)

La notion de classe

On appelle **classe** la structure d'un objet, c'est-à-dire la déclaration de l'ensemble des entités qui composeront un objet. Un objet est donc « issu » d'une classe, c'est le produit qui sort d'un moule. En réalité, on dit qu'un objet est une **instanciation** d'une classe, c'est la raison pour laquelle on pourra parler indifféremment d'**objet** ou d'**instance** (éventuellement d'*occurrence*). Une classe est composée de deux parties :

- Les **attributs** (parfois appelés *données membres*) : il s'agit des données représentant l'état de l'objet.
- Les **méthodes** (parfois appelées *fonctions membres*) : il s'agit des opérations applicables aux objets.

Si on définit la classe *voiture*, les objets *Peugeot 406*, *Renault 18* seront des instanciations de cette classe. Il pourra éventuellement exister plusieurs objets *Peugeot 406*, différenciés par leur numéro de série. Mieux : deux instanciations de classes pourront avoir tous leurs attributs égaux sans pour autant être un seul et même objet. C'est le cas dans le monde réel, deux T-shirts peuvent être strictement identiques et pourtant ils sont distincts. D'ailleurs, en les mélangeant, il serait impossible de les distinguer.

La définition d'une classe en langage Java se fait de la manière suivante :

```
class Nom_de_la_classe {
      // Instructions permettant de définir la classe;
}
```

Encapsulation

L'**encapsulation** est un mécanisme consistant à rassembler les données et les méthodes au sein d'une structure en cachant l'implémentation de l'objet, c'est-à-dire en empêchant l'accès aux données par un autre moyen que les services proposés. L'encapsulation permet donc de garantir l'intégrité des données contenues dans l'objet.

Masquage des informations

L'utilisateur d'une classe n'a pas forcément à savoir de quelle façon sont structurées les données dans l'objet, cela signifie qu'un utilisateur n'a pas à connaître l'implémentation. Ainsi, en interdisant à l'utilisateur de modifier directement les attributs, et en l'obligeant à utiliser les fonctions définies pour les modifier (appelées **interfaces**), on est capable de s'assurer de l'intégrité des données (on pourra par exemple s'assurer que le type des données fournies est conforme à nos attentes, ou encore que les données se trouvent bien dans l'intervalle attendu).

L'encapsulation permet de définir des niveaux de visibilité des éléments de la classe. Ces niveaux de visibilité définissent les **droits d'accès aux données** selon que l'on y accède par une méthode de la classe elle-même, d'une classe héritière, ou bien d'une classe quelconque. Il existe trois **niveaux de visibilité** :

- **Publique** (*public*) : les fonctions de toutes les classes peuvent accéder aux données ou aux méthodes d'une classe définie avec le niveau de visibilité *public*. Il s'agit du plus bas niveau de protection des données.
- **Protégée** (*protected*) : l'accès aux données est réservé aux fonctions des classes héritières, c'est-à-dire par les fonctions membres de la classe ainsi que par les classes dérivées.
- **Privée** (*private*) : l'accès aux données est limité aux méthodes de la classe elle-même. Il s'agit du niveau de protection des données le plus élevé.

La classe définie précédemment en Java est vide (elle est toutefois syntaxiquement correcte), c'est-à-dire qu'elle ne contient ni données (appelées *données membres*) ni traitements (fonctions appelées *méthodes*).

Les données membres doivent être précédées de leur type et éventuellement d'une étiquette précisant leur portée, c'est-à-dire les classes ayant le *droit* d'y accéder.

Exemple

Ainsi, une classe comportant trois données membres peut ressembler à ceci :

```
class Voiture {
        public char Marque[32];
        private float Vitesse;
        protected int Prix;
}
```

Les données membres permettent de conserver des informations relatives à la classe, tandis que les méthodes représentent les traitements qu'il est possible de réaliser avec les objets instanciés de la classe. La définition d'une méthode se fait en définissant le **prototype** et le **corps** de la fonction à l'intérieur de la classe en une seule opération :

```
class Nom_de_la_classe {
        // Données membres de la classe;

        // Méthodes de la classe;
        typeValeurRenvoyée nomMethode(
                type_du_parametre1,
                type_du_parametre2,
                etc.)
        {
                // Instructions du corps de la méthode
        }
}
```

Protection des données membres

L'encapsulation consiste à définir des étiquettes pour les **données membres** et les fonctions membres afin de préciser si celles-ci sont accessibles à partir d'autres classes ou non.

De cette manière, des données membres portant l'étiquette *private* ne peuvent être manipulées directement par les fonctions membres des autres classes. Ainsi, pour pouvoir manipuler ces données membres, le créateur de la classe doit prévoir des méthodes spéciales portant l'étiquette *public*, permettant de manipuler ces données :

- Les fonctions membres permettant d'accéder aux données membres sont appelées **accesseurs**.
- Les fonctions membres permettant de modifier les données membres sont appelées **mutateurs.**

❑ Accesseur

Un **accesseur** (*getter*) est une méthode permettant de récupérer le contenu d'une donnée membre protégée. Un accesseur, pour accomplir sa fonction :

- doit avoir comme type de retour le type de la variable à renvoyer,
- ne doit pas nécessairement posséder d'arguments.

Une convention de nommage veut que l'on fasse commencer de façon préférentielle le nom de l'accesseur par le préfixe `Get`, afin de faire ressortir sa fonction première.

Exemple

En C++, la syntaxe d'un accesseur réduite à sa plus simple expression ressemble à :

```
class MaClasse{
        private : TypeDeMaVariable MaVariable;
        public : TypeDeMaVariable GetMaVariable();
};

TypeDeMaVariable MaClasse::GetMaVariable(){
        return MaVariable;
}
```

L'accesseur minimal de la donnée membre `age` pourrait être le suivant :

```
class Toto{
        private : int age;
        public : int GetAge();
};
```

```
int Toto::GetAge(){
        return age;
}
```

❑ Mutateur

Un **mutateur** (*setter*) est une fonction membre permettant de modifier le contenu d'une donnée membre protégée. Un mutateur, pour accomplir sa fonction :

- doit avoir comme paramètre la valeur à assigner à la donnée membre, le paramètre doit donc être du type de la donnée membre.
- ne doit pas nécessairement renvoyer de valeur (il possède dans sa plus simple expression le type `void`).

Une convention de nommage veut que l'on fasse commencer de façon préférentielle le nom du mutateur par le préfixe `Set`.

Exemple

En C++, la syntaxe d'un mutateur réduite à sa plus simple expression ressemble à :

```
class MaClasse{
        private : TypeDeMaVariable MaVariable;
        public : void SetMaVariable(TypeDeMaVariable);

};

MaClasse::SetMaVariable(TypeDeMaVariable MaValeur){
        MaVariable = MaValeur;
}
```

Le mutateur minimal de la donnée membre `age` pourrait être le suivant :

```
class Toto{
        private : int _age;
        public : void SetAge(int);
};

void Toto::SetAge(int age){
        _age = age;
}
```

L'intérêt principal d'un tel mécanisme est le contrôle de la validité des données membres qu'il procure. En effet, il est possible (et même conseillé) de tester la valeur que l'on assigne à une donnée membre, c'est-à-dire qu'un **test de validité** de la valeur de l'argument peut être réalisé avant de l'affecter à la donnée membre.

Exemple

Le mutateur précédent peut par exemple vérifier si l'âge de `Toto` est correct (on considérera pour cela que `Toto` ne peut pas vivre plus de 200 ans... des hypothèses telles que celle-ci peuvent conduire à des bogues avec les progrès de la génétique !).

```
class Toto{
        private : int _age;
        public : int SetAge(int);
};
int Toto::SetAge(int age){
        if (age < 200) {
                _age = age;
                return 1;
        }
        else return 0;
}
```

Héritage

L'**héritage** (*inheritance*) est un principe propre à la programmation orientée objet, permettant de créer une nouvelle classe à partir d'une classe existante. Le nom d'héritage (pouvant parfois être appelé **dérivation de classe**) provient du fait que la classe dérivée (la classe nouvellement créée) contient les attributs et les méthodes de sa **superclasse** (la classe dont elle dérive). L'intérêt majeur de l'héritage est de pouvoir définir de nouveaux attributs et de nouvelles méthodes pour la classe dérivée, qui viennent s'ajouter à ceux et celles héritées.

Par ce moyen, on crée une **hiérarchie de classes** de plus en plus spécialisées. Cela a comme avantage majeur de ne pas avoir à repartir de zéro lorsque l'on veut spécialiser une classe existante. De cette manière il est possible d'acheter dans le commerce des **librairies de classes**, qui constituent une base, pouvant être spécialisées à loisir (on comprend encore un peu mieux l'intérêt pour l'entreprise qui vend les classes de protéger les données membres grâce à l'encapsulation...).

Hiérarchie des classes

Il est possible de représenter sous forme de **hiérarchie de classes**, parfois appelée **arborescence de classes**, la relation de parenté qui existe entre les différentes classes. L'arborescence commence par une classe générale appelée **superclasse** (parfois *classe de base*, *classe parent*, *classe ancêtre*, *classe mère* ou *classe père*, les métaphores généalogiques sont nombreuses). Puis les classes dérivées (*classe fille* ou *sous-classe*) deviennent de plus en plus spécialisées. Ainsi, on peut généralement exprimer la relation qui lie une classe fille à sa mère par la phrase « *est un* » (de l'anglais « *is a* »).

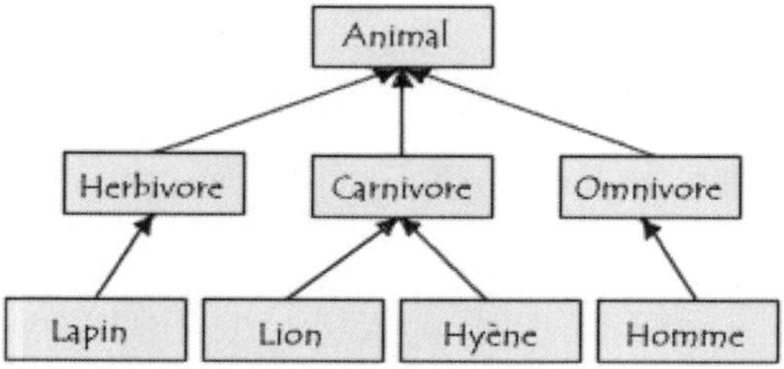

Héritage multiple

Certains langages orientés objet, tels que le C++, permettent de faire de l'**héritage multiple**, ce qui signifie qu'ils offrent la possibilité de faire hériter une classe de deux superclasses. Ainsi, cette technique permet de regrouper au sein d'une seule et même classe les attributs et méthodes de plusieurs classes.

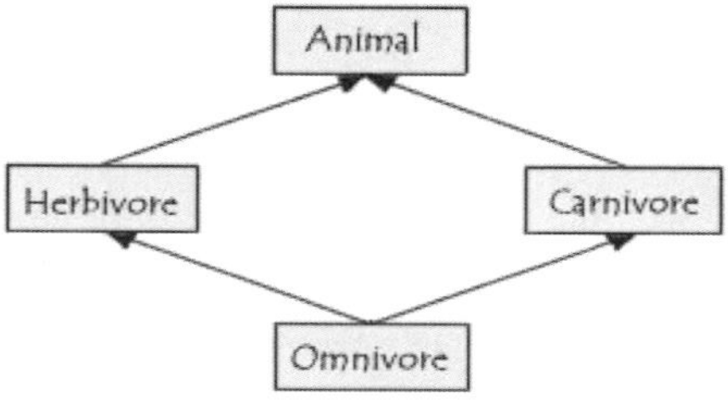

Polymorphisme

Le nom de **polymorphisme** vient du grec et signifie *qui peut prendre plusieurs formes*. Cette caractéristique est un des concepts essentiels de la programmation orientée objet. Alors que l'héritage concerne les classes (et leur hiérarchie), le polymorphisme est relatif aux méthodes des objets.

On distingue généralement trois types de polymorphisme : le polymorphisme ad hoc, le polymorphisme paramétrique et le polymorphisme d'héritage.

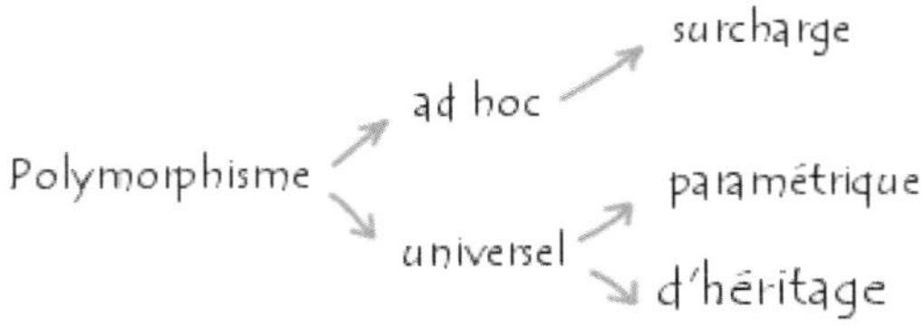

Nous allons maintenant tenter de définir plus précisément tout cela, mais il est important de noter que beaucoup de confusion existe lorsqu'il s'agit de différencier tous ces types de polymorphisme.

Polymorphisme ad hoc

Le **polymorphisme ad hoc** (*surcharge* ou *overloading*) permet d'avoir des fonctions de même nom, avec des fonctionnalités similaires, dans des classes sans aucun rapport entre elles (si ce n'est bien sûr d'être des filles de la classe objet). Par exemple, la classe complexe, la classe image et la classe lien peuvent avoir chacune une fonction « afficher ». Cela permettra de ne pas avoir à se soucier du type de l'objet que l'on a si on souhaite l'afficher à l'écran.

Le polymorphisme ad hoc permet ainsi de définir des opérateurs dont l'utilisation sera différente selon le type des paramètres qui leur sont passés. Il est donc possible par exemple de surcharger l'opérateur + et de lui faire réaliser des actions différentes selon qu'il s'agit d'une opération entre deux entiers (addition) ou entre deux chaînes de caractères (concaténation).

Polymorphisme paramétrique

Le **polymorphisme paramétrique** (*généricité* ou *template*) représente la possibilité de définir plusieurs fonctions de même nom mais possédant des arguments différents (en nombre et/ou en type). On appelle **signature** le nombre et le type (statique) des arguments d'une fonction. C'est donc la signature d'une méthode qui détermine laquelle sera appelée.

Le polymorphisme paramétrique rend ainsi possible le choix automatique de la bonne méthode à adopter en fonction du type de données passées en paramètre.

Exemple

Ainsi, on peut définir plusieurs méthodes homonymes `addition()` effectuant une somme de valeurs :
– La méthode `int addition(int, int)` pourra retourner la somme de deux entiers.
– La méthode `float addition(float, float)` pourra retourner la somme de deux flottants.
– La méthode `char addition(char, char)` pourra définir au gré de l'auteur la somme de deux caractères, etc.

Polymorphisme d'héritage

La possibilité de redéfinir une méthode dans des classes héritant d'une classe de base s'appelle la **spécialisation**. Il est alors possible d'appeler la méthode d'un objet sans se soucier de son type intrinsèque : il s'agit du **polymorphisme d'héritage** (également appelé *redéfinition*, *spécialisation* ou *overriding*). Ceci permet de faire abstraction des détails des classes spécialisées d'une famille d'objet, en les masquant par une interface commune (qui est la classe de base).

Exemple

Imaginons un jeu d'échec comportant des objets *roi*, *reine*, *fou*, *cavalier*, *tour* et *pion*, héritant chacun de l'objet *piece*.
La méthode `mouvement()` pourra, grâce au polymorphisme d'héritage, effectuer le mouvement approprié en fonction de

la classe de l'objet référencé au moment de l'appel. Cela permettra notamment au programme de dire `piece.mouvement` sans avoir à se préoccuper de la classe de la pièce.

Constructeur

Le **constructeur** est la méthode appelée automatiquement lors de la création d'un objet (en statique ou en dynamique). Cette fonction membre est la première méthode d'un objet à être exécutée, il s'agit d'une fonction permettant notamment l'initialisation des variables. Dans la plupart des langages (C++, C#, Java), le constructeur d'un objet porte le même nom que la classe et ne possède aucune valeur de retour.

Attention !

Un constructeur porte le même nom que la classe dans laquelle il est défini. Il n'a pas de type de retour et il peut avoir des arguments. La définition d'un constructeur n'est pas obligatoire lorsqu'il n'est pas nécessaire.

La plupart du temps, la définition de cette fonction membre spéciale n'est pas obligatoire (si vous ne souhaitez pas initialiser les données membres par exemple) dans la mesure où un **constructeur par défaut** (appelé parfois *constructeur sans argument*) est défini par le compilateur si la classe n'en possède pas.

Exemple

Déclaration d'un constructeur en C++ :

```
class Toto{
        private :
                int age;
                char sexe;
                float taille;
        public :
                Toto(int,char,float);
};
```

```
Toto::Toto(int age, char sexe, float taille){
      this->age = age;
      this->sexe = sexe;
      this->taille = taille;
}
```

L'appel du constructeur se fait lors de la création de l'objet. De ce fait, l'appel du constructeur est différent selon que l'objet est créé de façon statique ou dynamique :

- En **statique** : le constructeur est appelé grâce à une instruction constituée du nom de la classe, suivie par le nom que l'on donne à l'objet, et les paramètres entre parenthèses.

```
Toto Toto1(12,'M',1.62);
```

- En **dynamique** : le constructeur est appelé en définissant un pointeur vers un objet du type désiré puis en lui affectant la valeur retournée par l'opérateur `new`.

```
Toto *pToto = new Toto(12,'M',1.62);
```

Comme pour n'importe quelle fonction membre, il est possible de **surcharger les constructeurs**, c'est-à-dire définir plusieurs constructeurs avec un nombre/type d'arguments différents. Ainsi, il sera possible d'initialiser différemment un même objet, selon la méthode de construction utilisée.

Exemple

Imaginons que pour l'exemple précédent on veuille pouvoir définir le sexe de `Toto` grâce à un entier valant 0 ou 1, ainsi qu'avoir la possibilité de passer en paramètre la lettre `M` ou `F`. On peut alors définir deux constructeurs pour lesquels le type du second argument sera différent. De plus, il sera possible de contrôler le caractère entré en paramètre :

```
class Toto{
      private :
            int age;
            char sexe;
            float taille;
      public :
            Toto(int,char,float);
            Toto(int,int,float);
};
```

```
Toto::Toto(int age, char sexe, float taille){
        this->age = age;
        if ((sexe=='M')||(sexe=='F')) {
                this->sexe = sexe;
        }
        else printf("Erreur d'initialisation");
        this->taille = taille;
}
Toto::Toto(int age, int sexe, float taille){
        this->age = age;
        switch (sexe) {
                case 0 :
                        this->sexe = 'F';
                        break;
                case 1:
                        this->sexe = 'M';
                        break;
                default :
                        printf("Erreur d'initialisation");
                        break;
        }
        this->taille = taille;
}
```

Enfin, il est possible d'utiliser des **valeurs par défaut** pour les arguments, afin d'éviter à avoir à entrer de façon répétitive un ou plusieurs paramètres portant généralement la même valeur.

Destructeur

Les **destructeurs** sont en quelque sorte au constructeur ce que la mort est à la vie, c'est-à-dire qu'il s'agit d'une fonction membre qui intervient automatiquement lors de la destruction d'un objet. Il permet ainsi d'une certaine façon d'exaucer ses dernières volontés...

En C++, le destructeur est une fonction membre dont la définition ressemble étrangement à celle du constructeur, hormis le fait que le nom du destructeur est précédé d'un *tilde* (~), et qu'il ne possède aucun argument

Attention !

Un destructeur porte le même nom que la classe dans laquelle il est défini et est précédé d'un tilde. Il n'a pas de type de retour (même pas `void`) et il **ne peut pas** avoir d'argument. La définition d'un destructeur n'est pas obligatoire lorsque celui-ci n'est pas nécessaire.

Les destructeurs ont en général beaucoup moins besoin d'être définis que les constructeurs, c'est donc le *destructeur par défaut* qui est appelé le cas échéant. Toutefois, lorsque les objets sont chaînés dynamiquement grâce à des pointeurs (lorsqu'une fonction membre d'un objet est un pointeur vers un objet de même type par exemple), ou dans d'autres cas particuliers la définition d'un destructeur permettant de « nettoyer » l'ensemble des objets peut être indispensable !

Le destructeur, comme dans le cas du constructeur, est appelé différemment selon que l'objet auquel il appartient a été créé de façon statique ou dynamique :

- Le destructeur d'un objet créé de façon **statique** est appelé de façon implicite dès que le programme quitte la portée dans lequel l'objet existe.
- Le destructeur d'un objet créé de façon **dynamique** doit être appelé grâce au mot-clé `delete`, qui permet de libérer la mémoire occupée par l'objet.

Bien évidemment un destructeur ne peut être surchargé, ni avoir de valeur par défaut pour ses arguments, puisqu'il n'en a tout simplement pas !

Modélisation objet (UML)

Méthodes objets

La **modélisation objet** consiste à créer une représentation informatique des éléments du monde réel auxquels on s'intéresse, sans se préoccuper de l'implémentation, ce qui signifie *indépendamment d'un langage de programmation*. Il s'agit donc de déterminer les objets présents et d'isoler leurs données et les fonctions qui les utilisent.

Pour cela des méthodes ont été mises au point. Entre 1970 et 1990, de nombreux analystes ont mis au point des approches orientées objets, si bien qu'en 1994 il existait plus de 50 méthodes objet. Toutefois, seules trois méthodes ont véritablement émergé :

- La méthode **OMT** de Rumbaugh.
- La méthode **BOOCH'93** de Booch.
- La méthode **OOSE** de Jacobson (*Object Oriented Software Engineering*).

À partir de 1994, Rumbaugh et Booch (rejoints en 1995 par Jacobson) ont uni leurs efforts pour mettre au point la **méthode unifiée** (*Unified Method 0.8*), incorporant les avantages de chacunes des méthodes précédentes.

La méthode unifiée à partir de la version 1.0 devient **UML** (*Unified Modeling Language*), une notation universelle pour la modélisation objet.

Attention !

UML n'est pas une méthode dans la mesure où elle ne présente aucune démarche. À ce titre UML est un formalisme de modélisation objet. Le mot *méthode* parfois utilisé par abus de langage dans les pages suivantes ne doit donc pas être entendu comme une « démarche ».

UML 1.0 est soumise à l'OMG (*Object Management Group*) en janvier 1997, mais elle ne sera acceptée qu'en novembre 1997 dans sa version 1.1, date à partir de laquelle UML devient un standard international.

Voici le récapitulatif des évolutions de ce langage de modélisation :

- En 1995 : Méthode unifiée 0.8 (intégrant les méthodes Booch'93 et OMT).
- En 1995 : UML 0.9 (intégrant la méthode OOSE).
- En 1996 : UML 1.0 (proposée à l'OMG).
- En 1997 : UML 1.1 (standardisée par l'OMG).
- En 1998 : UML 1.2.
- En 1999 : UML 1.3.
- En 2000 : UML 1.4.
- En 2003 : UML 1.5.
- Les dernières versions des spécifications peuvent être téléchargées sur le site de l'OMG.

Cette méthode représente un moyen de spécifier, représenter et construire les composantes d'un système informatique.

Exemple

Avec la méthode UML, un objet peut être représenté de la façon suivante :

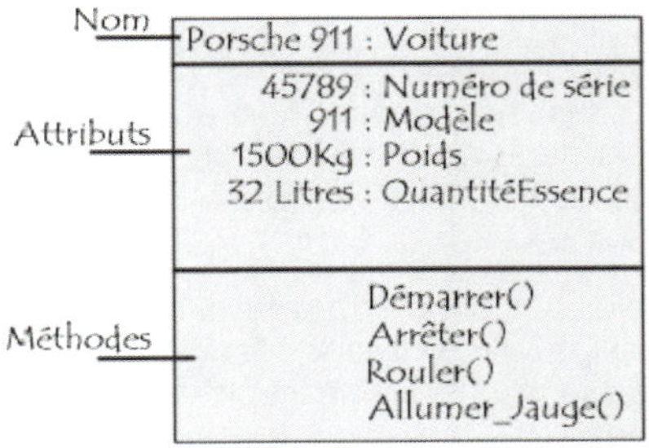

Normalisation OMG

Ainsi, il est nécessaire qu'une méthode objet soit définie de manière rigoureuse et unique afin de lever les ambiguïtés. De nombreuses méthodes objet ont été définies, mais aucune n'a su s'imposer en raison du manque de standardisation. C'est pourquoi l'ensemble des acteurs du monde informatique a fondé en 1989 l'**OMG** (*Object Management Group*), une organisation à but non lucratif, dont l'objectif est de mettre au point des standards garantissant la compatibilité entre des applications programmées à l'aide de langages objet et fonctionnant sur des réseaux hétérogènes (de différents types).

À partir de 1997, UML est devenue une norme de l'OMG, ce qui lui a permis de s'imposer en tant que méthode de développement objet et d'être reconnue et utilisée par de nombreuses entreprises.

Intérêt d'une méthode objet

Les langages orientés objet constituent chacun une manière spécifique d'implémenter le paradigme objet. Ainsi, une **méthode objet** permet de définir le problème à haut niveau sans rentrer dans les spécificités d'un langage. Il représente ainsi un outil permettant de définir un problème de façon graphique, afin par exemple de le présenter à tous les acteurs d'un projet (n'étant pas forcément des experts en un langage de programmation).

De plus, le fait de programmer à l'aide d'un langage orienté objet ne fait pas d'un programmeur un concepteur objet. En effet, il est tout à fait possible de produire un code syntaxiquement juste sans pour autant adopter une approche objet. Ainsi la programmation orientée objet implique :

- en premier lieu une conception abstraite d'un modèle objet (c'est le rôle de la méthode objet) ;
- en second lieu l'implémentation à l'aide d'un langage orienté objet (tel que C++/Java/...).

Une méthode objet est donc d'une part une méthode d'analyse du problème (afin de couvrir toutes les facettes du problème), d'autre part un langage permettant une représentation standard stricte des concepts abstraits (la modélisation) afin de constituer un langage commun.

UML

UML (*Unified Modeling Language*, que l'on peut traduire par *langage de modélisation unifié*) est une notation permettant de modéliser un problème de façon standard. Ce langage est né de la fusion de plusieurs méthodes existant auparavant, et est devenu désormais la référence en terme de **modélisation objet**, à un tel point que sa connaissance est souvent nécessaire pour obtenir un poste de développeur objet.

UML est basé sur un métamodèle

UML est un moyen d'exprimer des modèles objet en faisant abstraction de leur implémentation, c'est-à-dire que le modèle fourni par UML est valable pour n'importe quel langage de programmation. UML est un langage qui s'appuie sur un **métamodèle**, un modèle de plus haut niveau qui définit les éléments d'UML (les concepts utilisables) et leur sémantique (leur signification et leur mode d'utilisation).

Le métamodèle permet de se placer à un niveau d'abstraction supérieur car il est étudié pour être plus générique que le modèle qu'il permet de construire.

Le métamodèle d'UML en fait un langage formel possédant les caractéristiques suivantes :

- un langage sans ambiguïtés ;

- un langage universel pouvant servir de support pour tout langage orienté objet ;
- un moyen de définir la structure d'un programme ;
- une représentation visuelle permettant la communication entre les acteurs d'un même projet ;
- une notation graphique simple, compréhensible même par des non informaticiens.

Le métamodèle permet de donner des bases solides et rigoureuses à ce langage graphique, dont les représentations graphiques ne sont là que pour véhiculer des concepts de réalisation.

UML offre une manière élégante de représenter le système selon différentes vues complémentaires grâce aux **diagrammes**.

UML pour économiser de l'argent

Lorsqu'une entreprise désire un logiciel, elle le réalise parfois en interne, mais le fait plus généralement réaliser par une société de services.

Dans un cas comme dans l'autre, il est nécessaire de définir l'ensemble des fonctionnalités que le logiciel doit posséder. Le demandeur du logiciel n'a parfois pas de compétences particulières en informatique et exprime donc ses souhaits sous forme d'un **CdCF** (*Cahier des charges fonctionnelles*), c'est-à-dire un document décrivant sous forme textuelle l'ensemble des particularités que le logiciel doit posséder, les conditions qu'il doit remplir (système(s) d'exploitation visé(s)), les écueils à éviter, ainsi que les délais impartis, éventuellement des clauses sur le coût, les langages à utiliser…

Le CdCF est ainsi distribué à différentes sociétés de services (dans le cas d'une sous-traitance) sous forme d'un appel d'offre, auquel les sociétés vont répondre par un coût, un délai…

Lorsqu'une société obtient le marché et qu'elle décide (si elle a le choix) d'opter pour un langage orienté objet, il lui faut dans un premier temps créer un modèle (c'est là qu'intervient UML) afin :

- de présenter au client la façon suivant laquelle elle compte développer le logiciel ;

- d'accorder tous les acteurs du projet (une application de grande envergure est généralement réalisée par modules développés par différentes équipes).

Ainsi, si le modèle ne convient pas au client, il sera « simple » à modifier, contrairement à une application directement implémentée (qui aurait mobilisé beaucoup plus de personnel, pendant une période plus longue), ce qui signifie une perte d'argent beaucoup moins importante pour la société de services, ainsi qu'une meilleure probabilité de rendre dans les temps (on parle généralement de *dead line*) une application conforme aux exigences du client (si l'application se conforme au modèle présenté au client, celui-ci peut difficilement contester la validité du logiciel).

Modélisation objet

La modélisation consiste à créer une représentation simplifiée d'un problème : le **modèle**. Grâce au modèle il est possible de représenter simplement un problème, un concept et le simuler. La modélisation comporte deux composantes :

- L'**analyse**, c'est-à-dire l'étude du problème.
- La **conception**, soit la mise au point d'une solution au problème.

Le modèle constitue ainsi une représentation possible du système pour un point de vue donné. Le métamodèle UML fournit une panoplie d'outils permettant de représenter l'ensemble des éléments du monde objet (classes, objets…) ainsi que les liens qui les relient

Toutefois, étant donné qu'une seule représentation est trop subjective, UML fournit un moyen astucieux permettant de représenter diverses projections d'une même représentation grâce aux vues. Une **vue** est constituée d'un ou plusieurs **diagrammes**. On distingue deux types de vues :

- Les **vues statiques** qui représentent le système physiquement : diagrammes d'objets+, diagrammes de classes, diagrammes de cas d'utilisation, diagrammes de composants, diagrammes de déploiement.
- Les **vues dynamiques** qui montrent le fonctionnement du système : diagrammes de séquence, diagrammes de colla-

boration, diagrammes d'états-transitions, diagrammes d'activités.

La **modélisation objet** consiste à créer une représentation abstraite, sous forme d'objets, d'entités ayant une existence matérielle (arbre, personne, téléphone...) ou bien virtuelle (sécurité sociale, compte bancaire...). Un objet est caractérisé par plusieurs notions :

- Les **attributs** (on parle parfois de *propriétés*) : il s'agit des données caractérisant l'objet. Ce sont des variables stockant des informations d'état de l'objet.
- Les **méthodes** (appelées parfois *fonctions membres*) : les méthodes d'un objet caractérisent son comportement, c'est-à-dire l'ensemble des actions (appelées *opérations*) que l'objet est à même de réaliser. Ces opérations permettent de faire réagir l'objet aux sollicitations extérieures (ou d'agir sur les autres objets). De plus, les opérations sont étroitement liées aux attributs, car leurs actions peuvent dépendre des valeurs des attributs, ou bien les modifier.
- L'**identité** : l'objet possède une identité, qui permet de le distinguer des autres objets, indépendamment de son état. On construit généralement cette identité grâce à un identifiant découlant naturellement du problème (par exemple un produit pourra être repéré par un code, une voiture par un numéro de série...).

UML propose une manière de représenter les objets de façon graphique, sous forme de **rectangle**, dans lequel le nom de l'objet est **souligné**.

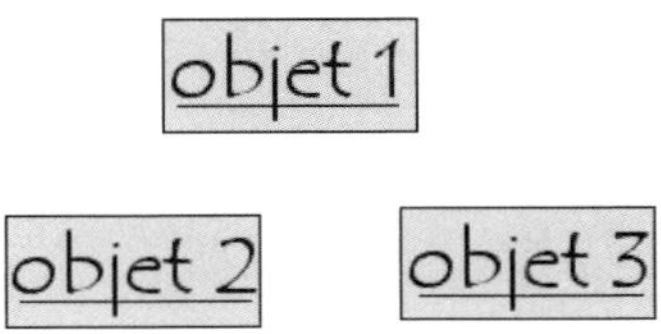

Attributs d'un objet

Les **attributs** (*propriétés*) d'un objet représentent ses caractéristiques. L'ensemble des valeurs des attributs d'un objet constituent son état. UML propose de représenter les attributs d'un objet et les valeurs associées de la manière suivante :

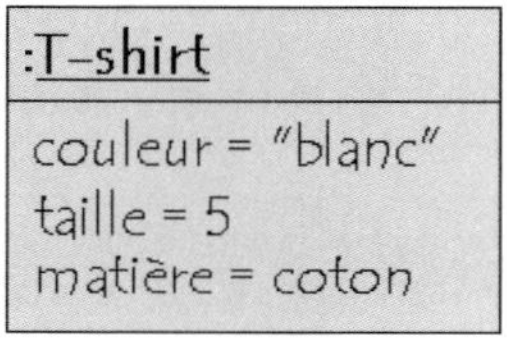

Liens entre objets

Dans l'approche objet, les objets ne sont pas des corps inertes isolés. Bien au contraire, même s'ils possèdent leurs caractéristiques propres par l'intermédiaire des valeurs de leurs attributs (ce qui constitue ce que l'on appelle l'*état*), ils ont la possibilité d'interagir entre eux grâce à leurs méthodes. UML propose de représenter les **liens** qui existent entre les objets grâce à un trait continu.

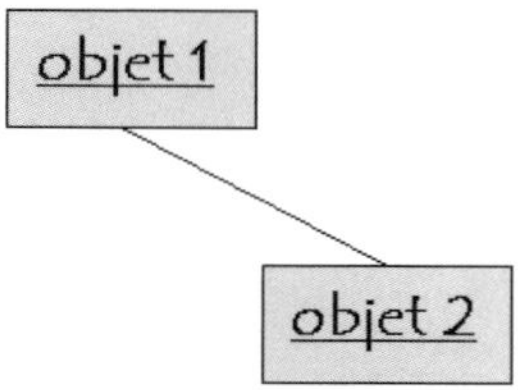

Un lien existe dès lors qu'un objet possède une visibilité vis-à-vis d'un autre, c'est-à-dire lorsqu'un objet a un rapport direct avec un autre (appartenance, utilisation, communication...).

Il est de plus possible d'ajouter des **commentaires** sur le modèle sous forme de notes. Une note est représentée par un rectangle dont le coin supérieur droit est replié. Pour relier une note à un objet il faut utiliser un trait discontinu (en pointillés).

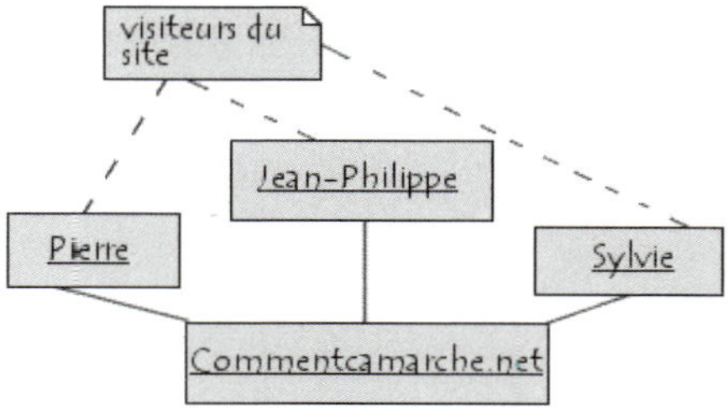

Modélisation d'une classe

On appelle classe la structure d'un objet, c'est-à-dire la déclaration de l'ensemble des entités qui composeront un objet. Un objet est donc « issu » d'une classe, c'est le produit qui sort d'un moule. En réalité on dit qu'un objet est une **instanciation d'une classe**, c'est la raison pour laquelle on pourra parler indifféremment d'objet ou d'instance (éventuellement d'occurrence). Une classe est définie par :

- Les **attributs** : il s'agit des données dont les valeurs représentent l'état de l'objet.
- Les **méthodes** : il s'agit des opérations applicables aux objets.

Exemple

Si on définit la classe *voiture*, les objets *Peugeot 406*, *Volkswagen Golf* seront des instanciations de cette classe. Il pourra éventuellement exister plusieurs objets *Peugeot 406*, différenciés par leur numéro de série.

Mieux, deux instanciations de classes pourront avoir tous leurs attributs égaux sans pour autant être un seul et même objet (c'est la différence entre *état* et *identité*). C'est le cas dans le monde réel, deux T-shirts peuvent être strictement identiques (avoir le même état) et pourtant ils sont distincts (ils ont chacun leur identité propre). D'ailleurs en les mélangeant il serait impossible de les distinguer...

Une **classe** se représente avec UML sous forme d'un rectangle divisé en trois sections. Le premier contient le nom donné à la classe (non souligné). Les attributs d'une classe sont définis par un nom, un type (éventuellement une valeur par défaut, c'est-à-dire une valeur affectée à la propriété lors de l'instanciation) dans le second compartiment. Les opérations sont répertoriées dans le troisième volet du rectangle.

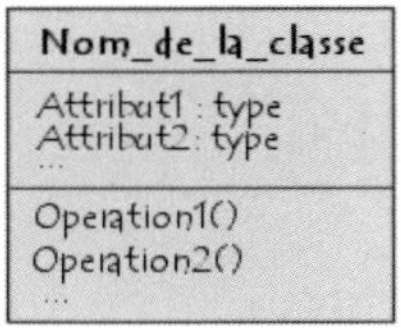

Visibilité des attributs

L'un des principaux concepts du paradigme objet est l'**encapsulation**. L'encapsulation est un mécanisme consistant à rassembler les données et les méthodes au sein d'une structure en cachant l'implémentation de l'objet, c'est-à-dire en empêchant l'accès aux données par un autre moyen que les services proposés. L'encapsulation permet donc de garantir l'intégrité des données contenues dans l'objet.

En effet, la programmation orientée objet permet de cacher l'implémentation d'un objet en ne lui permettant d'accéder aux attributs uniquement par l'intermédiaire de méthodes créées à cet effet (on parle d'*interface*).

Il est ainsi possible de définir des niveaux d'encapsulation, afin de définir le type de classe ayant accès aux attributs. On parle de **niveaux de visibilité** des éléments de la classe. Ces niveaux de visibilité définissent les droits d'accès aux données selon que l'on y accède par une méthode de la classe elle-même, d'une classe héritière, ou bien d'une classe quelconque. Il existe trois niveaux de visibilité :

- **Publique** : les fonctions de toutes les classes peuvent accéder aux données ou aux méthodes d'une classe définie avec le niveau de visibilité *public*. Il s'agit du plus bas niveau de protection des données.

- **Protégée** : l'accès aux données est réservé aux fonctions des classes héritières, c'est-à-dire par les fonctions membres de la classe ainsi que des classes dérivées.
- **Privée** : l'accès aux données est limité aux méthodes de la classe elle-même. Il s'agit du niveau de protection des données le plus élevé.

La notation UML permet de représenter le niveau de visibilité des attributs de façon graphique en faisant précéder le nom de chaque attribut par un caractère représentant la visibilité :

- **+** défini un attribut public ;
- **#** défini un attribut protégé ;
- **-** défini un attribut privé.

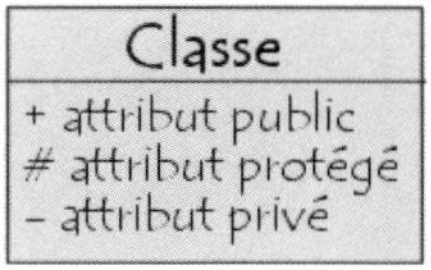

Cas d'utilisation

Un **cas d'utilisation** (*use case*) permet de mettre en évidence les relations fonctionnelles entre les acteurs et le système étudié. Le format de représentation d'un cas d'utilisation est complètement libre mais UML propose un formalisme et des concepts issus de bonnes pratiques.

Le diagramme de cas d'utilisation permet de représenter visuellement une séquence d'actions réalisées par un système, représenté par une boîte rectangulaire, produisant un résultat sur un acteur, appelé **acteur principal**, et ceci indépendamment de son fonctionnement interne.

Un acteur, au sens UML, représente le rôle d'une entité externe (utilisateur humain ou non) interagissant avec le système. Il est représenté par un **bonhomme en fil de fer** (*stick man*). On représente généralement à gauche l'acteur principal (idéalement il y en a un seul), et à droite les acteurs secondaires. Il est à noter qu'un utilisateur peut amener à jouer plusieurs rôles vis-à-vis du système et à ce titre être modélisé par plusieurs acteurs.

L'objectif poursuivi par les cas d'utilisation est de permettre de décrire, dans des documents lisibles par tous, la finalité des interactions du système et de ses utilisateurs.

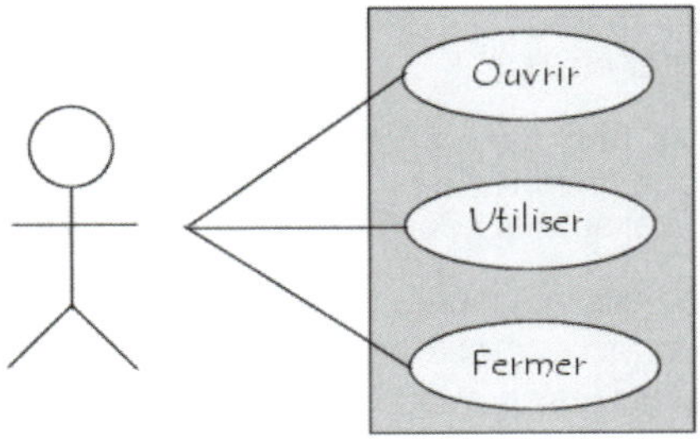

Chapitre 9

Bases de données

Une **base de données** (BD ou DB, *database*) est une entité dans laquelle il est possible de stocker des données de façon structurée et avec le moins de redondance possible. Ces données doivent pouvoir être utilisées par des programmes et par des utilisateurs différents. Ainsi, la notion de base de données est généralement couplée à celle de réseau, afin de pouvoir mettre en commun ces informations, d'où le nom de **base**. On parle généralement de **système d'information** pour désigner toute la structure regroupant les moyens mis en place pour pouvoir partager des données.

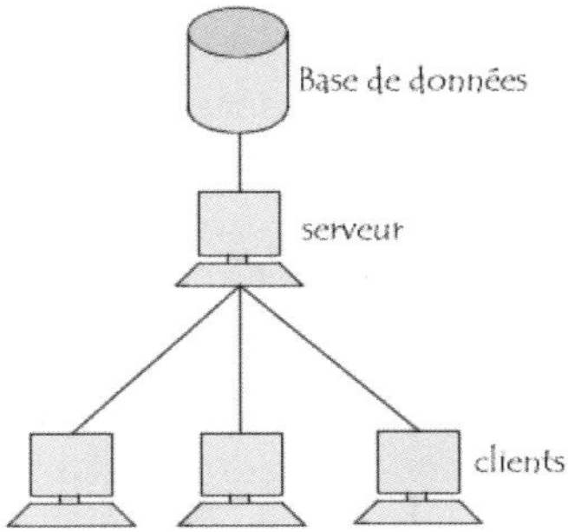

Utilité d'une base de données

Une **base de données** permet de mettre des données à la disposition d'utilisateurs pour une consultation, une saisie ou bien une mise à jour, tout en s'assurant des droits accordés à ces derniers. Cela est d'autant plus utile que les données informatiques sont de plus en plus nombreuses.

Une base de données peut être **locale**, c'est-à-dire utilisable sur une machine par un utilisateur, ou bien **répartie**, c'est-à-dire que les informations sont stockées sur des machines distantes et accessibles par réseau.

L'avantage majeur de l'utilisation de bases de données est la possibilité de pouvoir être accédées par plusieurs utilisateurs simultanément.

Gestion des bases de données

Afin de pouvoir contrôler les données ainsi que les utilisateurs le besoin d'un système de gestion s'est vite fait ressentir. La **gestion de la base de données** se fait grâce à un système appelé **SGBD** (Système de gestion de bases de données) ou **DBMS** (*Database Management System*). Le SGBD est un ensemble de services (*applications logicielles*) permettant de gérer les bases de données, c'est-à-dire :

- permettant l'accès aux données de façon simple ;
- autorisant un accès aux informations à de multiples utilisateurs ;
- permettant de manipuler les données présentes dans la base de données (insertion, suppression, modification).

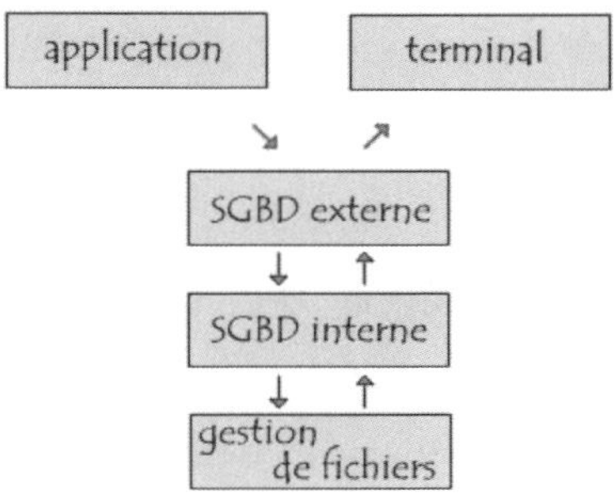

Le SGBD peut se décomposer en trois sous-systèmes :

- Le système de gestion de fichiers permet le **stockage** des informations sur un support physique ;
- Le **SGBD interne** gère l'ordonnancement des informations ;
- Le **SGBD externe** représente l'interface avec l'utilisateur.

Niveaux ANSI/SPARC

L'architecture ANSI/SPARC, datant de 1975, définit des niveaux d'abstraction pour un système de gestion de bases de données :

- **Niveau interne (ou physique)** : il définit la façon selon laquelle sont stockées les données et les méthodes pour y accéder.
- **Niveau conceptuel** : appelé aussi MCD (modèle conceptuel des données) ou MLD (modèle logique des données). Il définit l'arrangement des informations au sein de la base de données.
- **Niveau externe** : il définit les vues des utilisateurs.

Caractéristiques d'un SGBD

L'architecture à trois niveaux définie par le standard ANSI/SPARC permet d'avoir une indépendance entre les données et les traitements. D'une manière générale un **SGBD** doit avoir les caractéristiques suivantes :

- **Indépendance physique** : le niveau physique peut être modifié indépendamment du niveau conceptuel. Cela signifie que tous les aspects matériels de la base de données n'apparaissent pas pour l'utilisateur, il s'agit simplement d'une structure transparente de représentation des informations.
- **Indépendance logique** : le niveau conceptuel doit pouvoir être modifié sans remettre en cause le niveau physique, c'est-à-dire que l'administrateur de la base doit pouvoir la faire évoluer sans que cela gêne les utilisateurs.
- **Manipulabilité** : des personnes ne connaissant pas la base de données doivent être capables de décrire leur requête sans faire référence à des éléments techniques de la base de données.

- **Rapidité des accès** : le système doit pouvoir fournir les réponses aux requêtes le plus rapidement possible, cela implique des algorithmes de recherche rapides.
- **Administration centralisée** : le SGBD doit permettre à l'administrateur de pouvoir manipuler les données, insérer des éléments, vérifier son intégrité de façon centralisée.
- **Limitation de la redondance** : le SGBD doit pouvoir éviter dans la mesure du possible des informations redondantes, afin d'éviter d'une part un gaspillage d'espace mémoire mais aussi des erreurs.
- **Vérification de l'intégrité** : les données doivent être cohérentes entre elles, de plus lorsque des éléments font référence à d'autres, ces derniers doivent être présents.
- **Partageabilité des données** : le SGBD doit permettre l'accès simultané à la base de données par plusieurs utilisateurs.
- **Sécurité des données** : le SGBD doit présenter des mécanismes permettant de gérer les droits d'accès aux données selon les utilisateurs.

Modèles de bases de données

Les bases de données sont apparues à la fin des années 1960, à une époque où la nécessité d'un système de gestion de l'information souple se faisait ressentir. Il existe cinq **modèles de SGBD**, différenciés selon la représentation des données qu'elle contient :

- Le **modèle hiérarchique** : les données sont classées hiérarchiquement, selon une arborescence descendante. Ce modèle utilise des pointeurs entre les différents enregistrements. Il s'agit du premier modèle de SGBD.

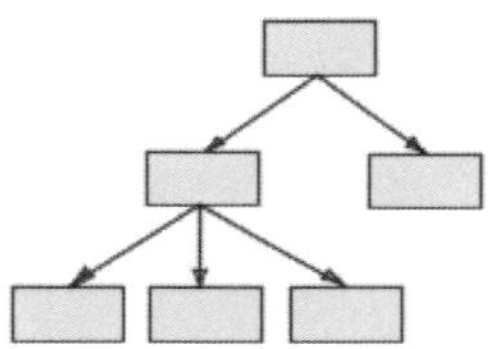

- Le **modèle réseau** : comme le modèle hiérarchique, ce modèle utilise des pointeurs vers des enregistrements. Toutefois la structure n'est plus forcément arborescente dans le sens descendant.

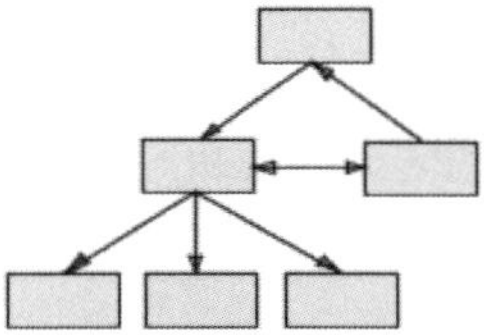

- Le **modèle relationnel** (SGBDR, *Système de gestion de bases de données relationnelles*) : les données sont enregistrées dans des tableaux à deux dimensions (lignes et colonnes). La manipulation de ces données se fait selon la théorie mathématique des relations.

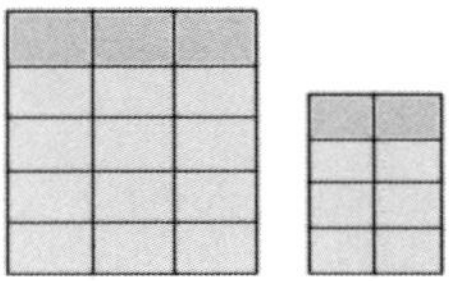

- Le **modèle déductif** : les données sont représentées sous forme de table, mais leur manipulation se fait par calcul de prédicats.
- Le **modèle objet** (SGBDO, *Système de gestion de bases de données objet*) : les données sont stockées sous forme d'objets, c'est-à-dire de structures appelées *classes* présentant des données membres. Les champs sont des instances de ces classes.

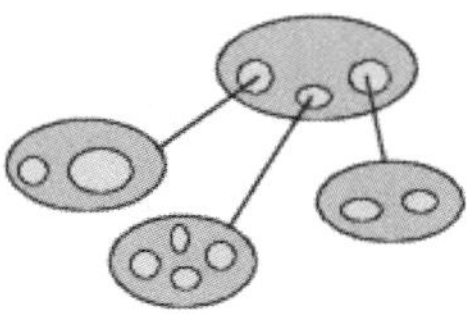

Modèle relationnel

Le **modèle relationnel** est basé sur une organisation des données sous forme de tables. La manipulation des données se fait selon le concept mathématique de relation de la théorie des ensembles, c'est-à-dire l'algèbre relationnelle. L'algèbre relationnelle a été inventée en 1970 par E. F. Codd, le directeur de recherche du centre IBM de San José. Elle est constituée d'un ensemble d'opérations formelles sur les relations. Les opérations relationnelles permettent de créer une nouvelle relation (*table*) à partir d'opérations élémentaires sur d'autres tables (par exemple l'union, l'intersection, ou encore la différence).

La théorie des ensembles met en œuvre deux notions : la notion de domaine et la notion de produit cartésien.

Notion de domaine

Un **domaine** est un ensemble fini ou infini de valeurs. On le représente par une liste d'éléments ou bien une condition nécessaire et suffisante d'appartenance :

- le domaine des booléens : {0,1}.
- le domaine des doigts de la main : {pouce, index, majeur, annulaire, auriculaire}...

Produit cartésien

La manipulation des données (sélection de valeurs) se fait suivant la notion mathématique de **produit cartésien**. Le produit cartésien d'un ensemble de domaines D_i, noté $D_1*D_2*D_3*...*D_n$ est l'ensemble des *n*-uplets (appelés aussi *tuples*) $<V_1,V_2,...,V_n>$ tels que V_i appartient à D_i.

Modélisation relationnelle

La **modélisation relationnelle** permet de représenter les **relations** à l'aide de tables (à deux dimensions) dont chaque colonne a un identificateur qui représente un domaine. Une ligne du tableau représente donc une entité et chacune des cases représente un de ses attributs :

- On appelle **attributs** le nom des colonnes qui représentent les constituants de l'entité. Un attribut (une colonne) est repéré par un nom et un domaine de définition, c'est-à-dire l'ensemble des valeurs qu'il peut prendre.
- On appelle **tuple** (ou *n-uplet*) une ligne du tableau. La **cardinalité** d'une relation est le nombre de *tuples* qui la composent.
- La **clé principale** d'une relation est l'attribut, ou l'ensemble d'attributs, permettant de désigner de façon unique un *tuple*.
- Une **clé étrangère**, par contre, est une clé (donc un attribut permettant d'identifier de façon unique un *tuple*) faisant référence à une clé appartenant à une autre table.

Exemple

L'entité voiture pourra par exemple être représentée par : la marque, e modèle, la série, la plaque minéralogique.

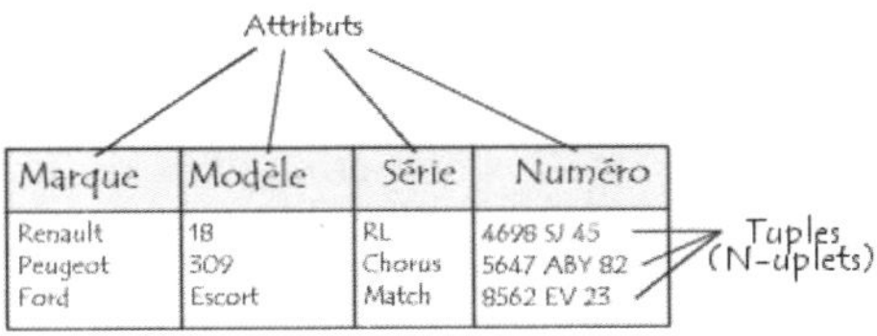

La cardinalité est égale à 3 et le numéro de la plaque minéralogique est une clé principale dans la mesure où la seule connaissance de cet attribut permet de connaître la voiture.

La description d'une relation (d'une table) par ses attributs (nom et domaine) est appelée **schéma d'une relation**. On désigne par le terme **schéma d'une base de données relationnelle** l'ensemble des relations qui la composent. La manipulation des éléments de la table se fait à l'aide d'opérations sur les ensembles.

Opérations de base

Une **opération de base** est définie par le fait qu'elle ne peut être réalisée par combinaison d'autres opérations. Il existe cinq opérations élémentaires pouvant être classées en deux catégories :

- Les **opérations unaires** qui consistent à éliminer des lignes ou des colonnes de la table.
- Les **opérations ensemblistes** qui consistent à effectuer un recoupement entre plusieurs tables.

❏ Opérations unaires

- **Projection** – L'opérateur *projection* consiste à créer une table à partir d'une autre en ne gardant que les colonnes spécifiées dans la projection. On note une projection : $proj_{X1,X2,...,XN}(R)$ où $X1,X2, ..., XN$ représentent les colonnes que l'on garde.
- **Restriction (ou sélection)** – L'opérateur *restriction* consiste à créer une table à partir d'une autre en ne gardant que les lignes pour lesquelles une colonne vérifie certaines propriétés. On note une restriction $select_Q(R)$où Q représente la **qualification**, c'est-à-dire la condition à réaliser.

❏ Opérations ensemblistes

- **Union** – L'union de deux tables est la table contenant l'ensemble des tuples (cellules) appartenant à l'une ou l'autre des tables (ou les deux). Les deux tables opérandes doivent être de même schéma, c'est-à-dire que les attributs de la table (colonnes) doivent être les mêmes. On note l'union entre deux tables R1 et R2 : `union(R1,R2)` ou encore `R1 U R2`.
- **Différence** – La différence entre deux tables est la table contenant l'ensemble des tuples (cellules) appartenant à une table mais pas à la seconde. Les deux tables opérandes doivent être de même schéma, c'est-à-dire que les attributs de la table (colonnes) doivent être les mêmes. On note la différence entre deux tables R1 et R2 : `minus(R1,R2)` ou encore `R1 - R2`.
- **Produit cartésien** – Le produit cartésien de deux tables est la table contenant la concaténation de l'ensemble des tuples d'une ligne d'une table à ceux de l'autre table, et ce pour chaque ligne. Les deux tables opérandes n'ont pas nécessairement le même schéma On note le produit cartésien de deux tables R1 et R2 : `product(R1,R2)` ou encore `R1 * R2`.

❏ Opérations dérivées

À partir des opérations de base de nombreuses opérations très utiles peuvent être définies. En voici quelques-unes :

- **Intersection** – L'intersection entre deux tables est la table contenant l'ensemble des tuples (cellules) appartenant aux deux tables. Les deux tables opérandes doivent être de même schéma, c'est-à-dire que les attributs de la table (colonnes) doivent être les mêmes. On note l'intersection entre deux tables R1 et R2 : `inter(R1,R2)` ou encore `R1∩R2`. Cet opérateur peut être décrit à l'aide d'opérateurs de base : `R1∩R2 = R1 - (R1 - R2)`.
- **Quotient (ou division)** – Le quotient de deux tables est la table contenant l'ensemble des tuples (cellules) qui concaténés à chaque tuple de l'une des tables fournissent des tuples appartenant à l'autre On note le quotient de deux tables R1 et R2 : `div(R1,R2)` ou encore `R1/R2`.
- **θ–jointure** – On appelle *θ–jointure selon une qualification Q* l'ensemble des tuples provenant du produit cartésien de deux relations et satisfaisant la qualification, c'est-à-dire la condition exprimée à l'aide des comparateurs : ≥, ≤, >, <, =, ≠, ¬.

  On note la θ–jointure de deux tables R1 et R2 : $\texttt{join}_{Q(R1,R2)}$ ou encore `(R1Q∞)R2`.

  On définit des types de jointure particulière selon la qualification Q :

  • L'*équijointure* est une θ jointure dont la qualification est une égalité entre deux colonnes

  • La *jointure naturelle* est une équijointure sur des attributs de même nom associée à une projection. Elle se note R1∞R2

❑ Opérations calculatoires

Les opérateurs de calcul ne sont pas des opérations dérivées dans la mesure où ils ne peuvent pas être exprimés à l'aide des opérateurs de base. Ils permettent néanmoins de faire des opérations très utiles (parfois nécessaires) que les autres opérateurs ne peuvent pas réaliser.

- **Opérateur Somme** – Cet opérateur permet de faire la somme cumulée des valeurs que l'attribut X prend pour une liste d'attributs appelés *attributs de regroupement*. Les valeurs de X doivent bien évidemment être numériques. Lorsqu'aucun attribut de regroupement n'est précisé, l'opérateur Somme renvoie la somme des valeurs de la colonne.

On note cet opérateur : $Somme_{X1,X2,...,Xn}(R,X)$ ou avec la notation anglaise $Sum_{X1,X2,...,Xn}(R,X)$.

- **Opérateur de comptage** – Cet opérateur permet de compter le nombre de lignes pour lesquelles l'attribut fait partie d'une liste d'attributs appelés *attributs de regroupement*. Lorsqu'aucun attribut de regroupement n'est précisé l'opérateur compte le nombre de tuples de la colonne. On note cet opérateur : $Compte_{X1,X2,...,Xn}(R,X)$ ou avec la notation anglaise $Count_{X1,X2,...,Xn}(R,X)$.

Chapitre 10

Langage SQL

Le **modèle relationnel** a été inventé par E. F. Codd (directeur de recherche du centre IBM de San José) en 1970, suite à quoi de nombreux langages ont fait leur apparition :

- IBM Sequel (*Structured English Query Language*) en 1977
- IBM Sequel/2
- IBM System/R
- IBM DB2

Ce sont ces langages qui ont donné naissance au standard **SQL**, normalisé en 1986 par l'ANSI pour donner SQL/86. Puis en 1989 la version SQL/89 a été approuvée. La norme SQL/92 a désormais pour nom **SQL 2**.

Typologie du langage

Pour les bases de données relationnelles, **SQL** (*Structured Query Language*, traduisez *langage de requêtes structuré*) est :

- Un **langage de définition de données** : SQL est un langage de définition de données (LDD), c'est-à-dire qu'il permet de créer, de modifier ou de supprimer des tables dans une base de données relationnelle.
- Un **langage de manipulation de données** : SQL est un langage de manipulation de données (LMD), cela signifie qu'il permet de sélectionner, d'insérer, de modifier ou de suppri-

mer des données dans une table d'une base de données relationnelle.

- Un **langage de protections d'accès** : SQL permet de définir des permissions au niveau des utilisateurs d'une base de données. On parle de DCL (*Data Control Language*).

Il est possible d'inclure des **requêtes SQL** dans un programme écrit dans un autre langage (en langage C par exemple), ainsi que d'envoyer directement les requêtes SQL telles quelles au SGBD.

À savoir

Il est possible d'ajouter des **commentaires** grâce :
– au caractère % : tous les caractères situés après celui-ci sur la même ligne ne seront pas interprétés ;
– aux délimiteurs /* et */ : tous les caractères compris entre les délimiteurs sont considérés comme des commentaires.

Les commentaires ne peuvent pas être imbriqués !

Le langage SQL **n'est pas sensible à la casse** (*case sensitive*), cela signifie que l'on peut aussi bien écrire les instructions en minuscules qu'en majuscule. Toutefois, cette insensibilité à la casse n'est que partielle dans la mesure où la différenciation entre minuscules et majuscules existe au niveau des identificateurs d'objets.

Accès à une base de données

La plupart des langages de programmation possèdent une ou plusieurs API permettant de se connecter à des bases de données et d'en manipuler les données. L'**accès à une base de données** se fait selon un modèle client/serveur, c'est-à-dire selon un mode de requêtes et de réponse. L'interrogation d'un serveur de bases de données se fait en cinq temps :

- le programme se connecte à un serveur de base de données en spécifiant à une fonction de connexion l'adresse du serveur de base de données et les paramètres d'authentification ;

- le programme interroge le serveur de bases de données à l'aide d'une requête SQL ;
- le serveur de bases de données effectue l'interrogation sur les tables concernées ;
- puis le serveur de bases de données retourne le résultat au programme ;
- le programme dispose des données (dans un tableau ou dans un objet) et peut ainsi les exploiter en local.

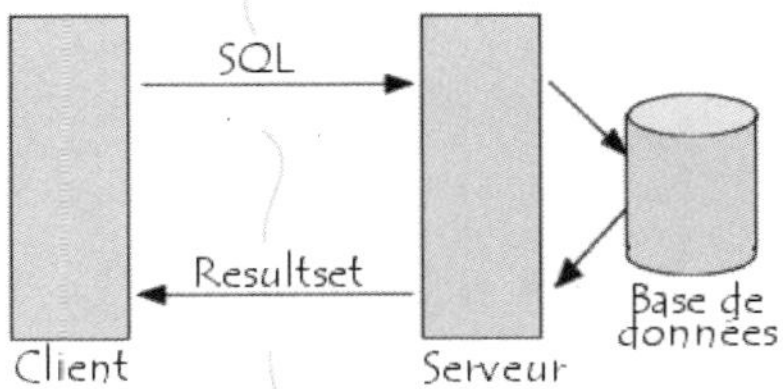

Selon les fonctions disponibles, une fois la connexion au serveur de bases de données établie, il est possible de demander des informations sur le nom des tables, le contenu de chaque colonne, le nombre d'enregistrements, les statistiques sur les requêtes effectuées, etc.

Langage de manipulation de données

Le SQL est à la fois un **langage de manipulation de données** et un **langage de définition de données**. Toutefois, la définition de données est l'œuvre de l'administrateur de la base de données, c'est pourquoi la plupart des personnes qui utilisent le langage SQL se servent uniquement du langage de manipulation de données, permettant de sélectionner les données qui les intéressent. La principale commande du langage de manipulation de données est la commande `SELECT`.

Syntaxe de la commande SELECT

La **commande** `SELECT` est basée sur l'algèbre relationnelle, en effectuant des opérations de sélection de données sur plusieurs tables relationnelles par projection. Sa syntaxe est la suivante :

```
SELECT [ALL] | [DISTINCT] <liste des noms de colonnes> | *
FROM <Liste des tables>
[WHERE <condition logique>]
Il existe d'autres options pour la commande SELECT :
GROUP BY
HAVING
ORDER BY
```

- L'option **`ALL`** est, par opposition à l'option `DISTINCT`, l'option par défaut. Elle permet de sélectionner l'ensemble des lignes satisfaisant à la condition logique.
- L'option **`DISTINCT`** permet de ne conserver que des lignes distinctes, en éliminant les doublons.
- La **`liste des noms de colonnes`** indique la liste des colonnes choisies, séparées par des virgules. Lorsque l'on désire sélectionner l'ensemble des colonnes d'une table il n'est pas nécessaire de saisir la liste de ses colonnes, l'option **`*`** permet de réaliser cette tâche.
- La **`liste des tables`** indique l'ensemble des tables (séparées par des virgules) sur lesquelles on opère.
- La **`condition logique`** permet d'exprimer des qualifications complexes à l'aide d'opérateurs logiques et de comparateurs arithmétiques.

Expression d'une projection

Une **projection** est une instruction permettant de sélectionner un ensemble de colonnes dans une table.

Exemple

Soit la table Voiture :

Marque	Modele	Serie	Numero
Renault	18	RL	4698 SJ 45
Renault	Kangoo	RL	4568 HD 16

Marque	Modele	Serie	Numero
Renault	Kangoo	RL	6576 VE 38
Peugeot	106	KID	7845 ZS 83
Peugeot	309	chorus	7647 ABY 82
Ford	Escort	Match	8562 EV 23

La sélection de toutes les colonnes de la table se fait par l'instruction :

```
SELECT * FROM VOITURE
```

Marque	Modele	Serie	Numero
Renault	18	RL	4698 SJ 45
Renault	Kangoo	RL	4568 HD 16
Renault	Kangoo	RL	6576 VE 38
Peugeot	106	KID	7845 ZS 83
Peugeot	309	chorus	7647 ABY 82
Ford	Escort	Match	8562 EV 23

La sélection des colonnes `Modele` et `Serie` de la table se fait par l'instruction :

```
SELECT Modele, Serie FROM VOITURE
```

Modele	Serie
18	RL
Kangoo	RL
Kangoo	RL
106	KID
309	chorus
Escort	Match

La sélection des colonnes `Modele` et `Serie` en éliminant les doublons se fait par l'instruction :

```
SELECT DISTINCT Modele, Serie FROM VOITURE
```

Modele	Serie
18	RL
Kangoo	RL
106	KID
309	chorus
Escort	Match
Modele	Serie

Expression des restrictions

Une **restriction** consiste à sélectionner les lignes satisfaisant à une condition logique effectuée sur leurs attributs. En SQL, les restrictions s'expriment à l'aide de la clause `WHERE` suivie :

- d'une condition logique exprimée à l'aide d'opérateurs logiques : `AND`, `OR`, `NOT`.
- de comparateurs de chaîne : `IN`, `BETWEEN`, `LIKE`.
- d'opérateurs arithmétiques : `+`, `-`, `*`, `/`, `%`, `&`, `|`, `^`, `~`.
- de comparateurs arithmétiques : `=`, `!=`, `>`, `<`, `>=`, `<=`, `<>`, `!>`, `!<`.

❑ Restrictions simples

Soit la table Occaz présentant des voitures d'occasion.

Occaz				
Marque	**Modele**	**Serie**	**Numero**	**Compteur**
Renault	18	RL	4698 SJ 45	123450
Renault	Kangoo	RL	4568 HD 16	56000
Renault	Kangoo	RL	6576 VE 38	12000
Peugeot	106	KID	7845 ZS 83	75600
Peugeot	309	chorus	7647 ABY 82	189500
Ford	Escort	Match	8562 EV 23	

Le champ présentant la valeur du kilométrage au compteur de la `Ford Escort` est délibérément non renseigné. La sélection de toutes les voitures d'occasion ayant un kilométrage inférieur à 100 000 km se fait par l'instruction :

```
SELECT * FROM OCCAZ
WHERE (Compteur < 100000)
```

Marque	Modele	Serie	Numero	Compteur
Renault	Kangoo	RL	4568 HD 16	56000
Renault	Kangoo	RL	6576 VE 38	12000
Peugeot	106	KID	7845 ZS 83	75600

La sélection des colonnes `Marque` et `Compteur` des voitures ayant un kilométrage inférieur à 100 000 km se fait par l'instruction :

```
SELECT Marque,Compteur FROM OCCAZ
WHERE (Compteur < 100000)
```

Marque	Compteur
Renault	56000
Renault	12000
Peugeot	75600

La sélection de toutes les voitures d'occasion ayant un kilométrage inférieur ou égal à 100 000 km, et supérieur ou égal à 30 000 km, se fait par l'instruction :

```
SELECT * FROM OCCAZ
WHERE (Compteur <= 100000) AND (Compteur >= 30000)
```

Marque	Modele	Serie	Numero	Compteur
Renault	Kangoo	RL	4568 HD 16	56000
Peugeot	106	KID	7845 ZS 83	75600

❑ Restriction sur une comparaison de chaîne

Le prédicat `LIKE` permet de faire des comparaisons sur des chaînes grâce à des caractères, appelés caractères *jokers* :

- Le caractère **%** permet de remplacer une séquence de caractères (éventuellement nulle).
- Le caractère _ permet de remplacer un caractère (l'équivalent du « blanc » au scrabble...).
- Les caractères **[-]** permettent de définir un intervalle de caractères (par exemple [J-M]).

La sélection des voitures dont la marque a un `E` en deuxième position se fait par l'instruction :

```
SELECT * FROM OCCAZ
WHERE Marque LIKE "_E%"
```

Marque	Modele	Serie	Numero	Compteur
Renault	18	RL	4698 SJ 45	123450
Renault	Kangoo	RL	4568 HD 16	56000
Renault	Kangoo	RL	6576 VE 38	12000
Peugeot	106	KID	7845 ZS 83	75600
Peugeot	309	chorus	7647 ABY 82	189500

Attention !

Suivant l'environnement ou vous utilisez ce prédicat, il sera peut-être nécessaire d'« échapper » les guillemets avec un caractère d'échappement (généralement la barre oblique inverse « \ »).

❑ Restriction sur un ensemble

Les prédicats `BETWEEN` et `IN` permettent de vérifier respectivement qu'une valeur se trouve dans un intervalle ou qu'une valeur appartient à une liste de valeurs.

La sélection de toutes les voitures d'occasion ayant un kilométrage inférieur ou égal à 100 000 km, mais supérieur ou égal à 30 000 km, (effectuée plus haut avec des comparateurs arithmétiques) peut se faire par l'instruction :

```
SELECT * FROM OCCAZ
```

```
WHERE Compteur BETWEEN 100000 AND 30000
```

Marque	Modele	Serie	Numero	Compteur
Renault	Kangoo	RL	4568 HD 16	56000
Feugeot	106	KID	7845 ZS 83	75600

La sélection des voitures d'occasion dont la marque est `Peugeot` ou `Ford` se fait grâce à l'instruction :

```
SELECT * FROM OCCAZ
WHERE Marque IN ("Peugeot", "Ford")
```

Marque	Modele	Serie	Numero	Compteur
Peugeot	106	KID	7845 ZS 83	75600
Peugeot	309	chorus	7647 ABY 82	189500
Ford	Escort	Match	8562 EV 23	

❑ Restriction sur les valeurs manquantes

Lorsqu'un champ n'est pas renseigné, le SGBD lui attribue une valeur spéciale que l'on note `NULL`. La recherche de cette valeur ne peut pas se faire à l'aide des opérateurs standards, il faut utiliser les prédicats `IS NULL` ou bien `IS NOT NULL`.

La sélection de toutes les voitures d'occasion dont le kilométrage n'est pas renseigné se fait par l'instruction :

```
SELECT * FROM OCCAZ
WHERE Compteur IS NULL
```

Marque	Modele	Serie	Numero	Compteur
Ford	Escort	Match	8562 EV 23	

Tri des résultats

Il est possible en SQL d'organiser les résultats grâce à la clause `ORDER BY`. La clause `ORDER BY` est suivie des mots-clés `ASC` ou `DESC`, qui précisent respectivement si le **tri** se fait de manière croissante (par défaut) ou décroissante. Le classement se fait sur des nombres ou des chaînes de caractères.

Exemple

Prenons l'exemple de la table Voiture :

Marque	Modele	Serie	Numero	Compteur
Renault	18	RL	4698 SJ 45	123450
Renault	Kangoo	RL	4568 HD 16	56000
Renault	Kangoo	RL	6576 VE 38	12000
Peugeot	106	KID	7845 ZS 83	75600
Peugeot	309	chorus	7647 ABY 82	189500
Ford	Escort	Match	8562 EV 23	

La sélection de toutes les colonnes de la table triées par ordre croissant de l'attribut `Marque` se fait par l'instruction :

```
SELECT * FROM VOITURE
ORDER BY Marque ASC
```

Marque	Modele	Serie	Numero	Compteur
Ford	Escort	Match	8562 EV 23	
Peugeot	106	KID	7845 ZS 83	75600
Peugeot	309	chorus	7647 ABY 82	189500
Renault	18	RL	4698 SJ 45	123450
Renault	Kangoo	RL	4568 HD 16	56000
Renault	Kangoo	RL	6576 VE 38	12000

La sélection de toutes les colonnes de la table triées par ordre croissant de l'attribut `Marque`, puis par ordre décroissant du compteur, se fait par l'instruction :

```
SELECT * FROM VOITURE
ORDER BY Marque ASC, Compteur DESC
```

Marque	Modele	Serie	Numero	Compteur
Ford	Escort	Match	8562 EV 23	
Peugeot	309	chorus	7647 ABY 82	189500
Peugeot	106	KID	7845 ZS 83	75600
Renault	18	RL	4698 SJ 45	123450
Renault	Kangoo	RL	4568 HD 16	56000
Renault	Kangoo	RL	6576 VE 38	12000

Regroupement de résultats

Il peut être intéressant de **regrouper des résultats** afin de faire des opérations par groupe (opérations statistiques par exemple). Cette opération se réalise à l'aide de la clause `GROUP BY`, suivie du nom de chaque colonne sur laquelle on veut effectuer des regroupements.

Les principales fonctions pouvant être effectuées par groupe sont :

- **`AVG`** : calcule la moyenne d'une colonne (ou de chaque regroupement si elle est couplée à la clause `GROUP BY`).
- **`COUNT`** : calcule le nombre de lignes d'une table (ou de chaque regroupement…).
- **`MAX`** : calcule la valeur maximale d'une colonne (ou de chaque regroupement…).
- **`MIN`** : calcule la valeur minimale colonne (ou de chaque regroupement…).
- **`SUM`** : effectue la somme des valeurs d'une colonne (ou de chaque regroupement…).

Exemple

Reprenons la table Voiture précédente. L'affichage des moyennes des compteurs par marque se fait par l'instruction :

```
SELECT Marque, AVG(Compteur) AS Moyenne FROM VOITURE
GROUP BY Marque
```

Marque	Moyenne
Renault	63816.6

Marque	Moyenne
Peugeot	132550
Ford	

La clause `HAVING` va de pair avec la clause `GROUP BY`, elle permet d'appliquer une restriction sur les groupes créés grâce à la clause `GROUP BY`.

L'affichage des moyennes des compteurs non nulles regroupées par marque se fait par l'instruction :

```
SELECT Marque, AVG(Compteur) AS Moyenne FROM VOITURE
GROUP BY Marque
HAVING Moyenne IS NOT NULL
```

Marque	Moyenne
Renault	63816.6
Peugeot	132550

Remarquez l'utilisation de `AS` pour donner un nom à la colonne créée à l'aide de la fonction `AVG`

Expression des jointures

Une **jointure** (ou θ-*jointure*) est un produit cartésien de deux tables. On appelle **équijointure** une θ-*jointure* dont la qualification est une égalité entre deux colonnes. En SQL, l'expression d'une jointure se fait en précisant le nom des colonnes des tables sur lesquelles on fait la jointure, en désignant les colonnes des différentes tables en écrivant le nom de la table, suivie d'un point puis du nom de la colonne. La clause `WHERE` permet de préciser la qualification de la jointure.

Exemple

Table Occaz				
Marque	**Modele**	**Serie**	**Numero**	**Compteur**
Renault	18	RL	4698 SJ 45	123450
Renault	Kangoo	RL	4568 HD 16	56000

Table Occaz				
Marque	**Modele**	**Serie**	**Numero**	**Compteur**
Renault	Kangoo	RL	6576 VE 38	12000
Peugeot	106	KID	7845 ZS 83	75600
Peugeot	309	chorus	7647 ABY 82	189500
Ford	Escort	Match	8562 EV 23	
Fiat	Punto	GTI	8941 UD 61	
Audi	A4	Quattro	7846 AZS 75	21350

Table Societe	
Nom	**Pays**
Renault	France
Fiat	Italie
Peugeot	France
Volkswagen	Allemagne
Ford	Etats-Unis

L'affichage des pays d'origine des voitures par marque/modèle se fait par l'instruction :

```
SELECT Occaz.Marque, Occaz.Modele, Societe.Pays FROM
OCCAZ,SOCIETE
WHERE Occaz.Marque = Societe.Nom
```

Marque	Modele	Pays
Renault	18	France
Renault	Kangoo	France
Renault	Kangoo	France
Peugeot	106	France
Peugeot	309	France
Ford	Escort	Etats-Unis
Fiat	Punto	Italie

Il est possible de donner des alias aux noms des tables pour diminuer la taille des requêtes :

```
SELECT O.Marque, O.Modele, S.Pays FROM OCCAZ O,SOCIETE S
WHERE O.Marque = S.Nom
```

Expression des sous-requêtes

Effectuer une **sous-requête** consiste à effectuer une requête à l'intérieur d'une autre, ou en d'autres termes d'utiliser une requête afin d'en réaliser une autre (on entend parfois le terme de *requêtes en cascade*).

Une sous-requête doit être placée à la suite d'une clause `WHERE` ou `HAVING`, et doit remplacer une constante ou un groupe de constantes qui permettraient en temps normal d'exprimer la qualification :

- Lorsque la sous-requête remplace une **constante** utilisée avec des **opérateurs** classiques, elle doit obligatoirement renvoyer une seule réponse (une table d'une ligne et une colonne). Par exemple :

```
SELECT ---- FROM ----
WHERE ---- < (SELECT ---- FROM ----)
```

- Lorsque la sous-requête remplace une **constante** utilisée dans une **expression** mettant en jeu les opérateurs `IN`, `EXISTS`, `ALL` ou `ANY`, elle doit obligatoirement renvoyer une seule ligne.

```
SELECT ---- FROM ----
WHERE ---- IN (SELECT ---- FROM ----)
```

Exemple

Table Occaz				
Marque	**Modele**	**Serie**	**Numero**	**Compteur**
Renault	18	RL	4698 SJ 45	123450
Renault	Kangoo	RL	4568 HD 16	56000
Renault	Kangoo	RL	6576 VE 38	12000
Peugeot	106	KID	7845 ZS 83	75600
Peugeot	309	chorus	7647 ABY 82	189500

Table Occaz				
Marque	**Modele**	**Serie**	**Numero**	**Compteur**
Fiat	Punto	GTI	8941 UD 61	80232
Audi	A4	Quattro	7846 AZS 75	21350

La sélection des voitures dont le compteur est inférieur à la moyenne se fait par l'instruction :

```
SELECT * FROM OCCAZ
WHERE Compteur < (SELECT AVG(Compteur) FROM OCCAZ)
```

Marque	Modele	Serie	Numero	Compteur
Renault	Kangoo	RL	4568 HD 16	56000
Renault	Kangoo	RL	6576 VE 38	12000
Peugeot	106	KID	7845 ZS 83	75600
Audi	A4	Quattro	7846 AZS 75	21350

Opérations ensemblistes

Les **opérations ensemblistes** en SQL, sont celles définies dans l'algèbre relationnelle. Elles sont réalisées grâce aux opérateurs :

- `UNION`
- `INTERSECT` (ne fait pas partie de la norme SQL et n'est donc pas implémenté dans tous les SGBD).
- `EXCEPT` (ne fait pas partie de la norme SQL et n'est donc pas implémenté dans tous les SGBD).

Ces opérateurs s'utilisent entre deux clauses `SELECT`.

❑ L'opérateur UNION

Cet opérateur permet d'effectuer une `UNION` des *tuples* sélectionnés par deux clauses `SELECT` (les deux tables sur lesquelles on travaille devant avoir le même schéma).

```
SELECT ---- FROM ---- WHERE ------
UNION
SELECT ---- FROM ---- WHERE ------
```

Par défaut les doublons sont automatiquement éliminés. Pour conserver les doublons, il est possible d'utiliser une clause UNION ALL.

❏ L'opérateur INTERSECT

Cet opérateur permet d'effectuer une INTERSECTION des *tuples* sélectionnés par deux clauses SELECT (les deux tables sur lesquelles on travaille devant avoir le même schéma).

```
SELECT ---- FROM ---- WHERE ------
INTERSECT
SELECT ---- FROM ---- WHERE ------
```

L'opérateur *INTERSECT* n'étant pas implémenté dans tous les SGBD, il est possible de le remplacer par des commandes usuelles :

```
SELECT a,b FROM table1
WHERE EXISTS (SELECT c,d FROM table2
              WHERE a=c AND b=d )
```

❏ L'opérateur EXCEPT

Cet opérateur permet d'effectuer une DIFFERENCE entre les tuples sélectionnés par deux clauses SELECT, c'est-à-dire sélectionner les *tuples* de la première table n'appartenant pas à la seconde (les deux tables devant avoir le même schéma).

```
SELECT a,b FROM table1 WHERE ------
EXCEPT
SELECT c,d FROM table2 WHERE ------
```

L'opérateur EXCEPT n'étant pas implémenté dans tous les SGBD, il est possible de le remplacer par des commandes usuelles :

```
SELECT a,b FROM table1
WHERE NOT EXISTS (SELECT c,d FROM table2
                  WHERE a=c AND b=d )
```

Modification de données

Le SQL permet la **modification** d'une table par un utilisateur (pour peu qu'il ait les droits suffisants...). La modification d'une table consiste à :

➤ ajouter des *tuples* ;

- mettre à jour des *tuples* existants ;
- supprimer des *tuples*.

❑ Insertion de données

L'**insertion de nouvelles données** dans une table se fait grâce à l'ordre INSERT, qui permet d'insérer de nouvelles lignes dans la table.

L'ordre INSERT attend la clause INTO, suivie du nom de la table, ainsi que du nom de chacune des colonnes entre parenthèses (les colonnes omises prendront la valeur NULL par défaut).

Les valeurs à insérer peuvent être précisées de deux façons :

- Avec la clause **VALUES** : une seule ligne est insérée, elle contient comme valeurs, l'ensemble des valeurs passées en paramètre dans la parenthèse qui suit la clause VALUES. Les données sont affectées aux colonnes dans l'ordre dans lequel les colonnes ont été déclarées dans la clause INTO :

```
INSERT INTO
Nom_de_la_table(colonne1,colonne2,colonne3,...)
VALUES (Valeur1,Valeur2,Valeur3,...)
```

  Lorsque chaque colonne de la table est modifiée, l'énumération de l'ensemble des colonnes est facultatif. Lorsque les valeurs sont des chaînes de caractères, il ne faut pas omettre de les délimiter par des guillemets.

- Avec la clause **SELECT** : plusieurs lignes peuvent être insérées, elles contiennent comme valeurs, l'ensemble des valeurs découlant de la sélection. Les données sont affectées aux colonnes dans l'ordre dans lequel les colonnes ont été déclarées dans la clause INTO

```
INSERT INTO Nom_de_la_table(colonne1,colonne2,...)
SELECT colonne1,colonne2,... FROM Nom_de_la_table2
WHERE qualification
```

  Lorsque l'on remplace un nom de colonne suivant la clause SELECT par une constante, sa valeur est affectée par défaut aux tuples. Il n'est pas possible de sélectionner des tuples dans la table dans laquelle on insère des lignes (en d'autres termes Nom_de_la_table doit être différent de Nom_de_la_table2)

❑ Mise à jour de données

La modification de données, aussi appelée **mise à jour**, consiste à modifier des *tuples* (des lignes) dans une table grâce à l'ordre `UPDATE`. La modification à effectuer est précisée après la clause `SET`. Il s'agit d'une affectation d'une valeur à une colonne grâce à l'opérateur `=` suivi d'une expression algébrique, d'une constante ou du résultat provenant d'une clause `SELECT`. La clause `WHERE` permet de préciser les tuples sur lesquels la mise à jour aura lieu

```
UPDATE Nom_de_la_table

SET Colonne = Valeur_Ou_Expression

WHERE qualification
```

❑ Suppression de données

La **suppression de données** dans une table se fait grâce à l'ordre `DELETE`. Celui-ci est suivi de la clause `FROM`, précisant la table sur laquelle la suppression s'effectue, puis d'une clause `WHERE` qui décrit la **qualification**, c'est-à-dire l'ensemble des lignes qui seront supprimées.

```
DELETE FROM Nom_de_la_table

WHERE qualification
```

L'ordre `DELETE` est à utiliser avec précaution car l'opération de suppression est irréversible. Il faudra donc s'assurer dans un premier temps que les lignes sélectionnées sont bien les lignes que l'on désire supprimer!

Attention !

Lorsque plusieurs tables sont associées (une même colonne présente dans chacune des tables) il est nécessaire d'être prudent lors des suppressions. Il est ainsi recommandé de commencer par supprimer les *tuples* de la table secondaire puis remonter vers la table principale (suppression en cascade ascendante).

Langage de définition de données

Le SQL, comportant un **langage de définition de données** (LDD), permet de créer des tables. Pour cela, il utilise le couple de mots-clés CREATE TABLE.

Création de tables

La **création de tables** se fait à l'aide du couple de mots-clés CREATE TABLE. La syntaxe de définition simplifiée d'une table est la suivante :

```
CREATE TABLE Nom_de_la_table (Nom_de_colonne1 Type_de_donnée,
                              Nom_de_colonne2 Type_de_donnée,
                              ...);
```

Le nom donné à la table doit généralement (sur la plupart des SGBD) commencer par une lettre, et le nombre de colonnes maximum par table est de 254.

❑ Insertion de lignes à la création

Il est possible de créer une table en **insérant directement des lignes** lors de la création. Les lignes à insérer peuvent être alors récupérées d'une table existante grâce au prédicat AS SELECT. La syntaxe d'une telle expression est la suivante :

```
CREATE TABLE Nom_de_la_table (Nom_de_colonne1 Type_de_donnée,
                              Nom_de_colonne2 Type_de_donnée,
                              ...)
AS SELECT Nom_du_champ1,
          Nom_du_champ2,
          ...
FROM Nom_de_la_table2
WHERE Prédicat;
```

Types de données

Pour chaque colonne que l'on crée, il faut préciser le **type de données** que le champ va contenir.

Type de données	Syntaxe	Description
Type alphanumérique	CHAR(n)	Chaîne de caractères de longueur fixe *n* (*n*<16383).

Type de données	Syntaxe	Description
Type alphanumérique	VARCHAR(n)	Chaîne de caractères de *n* caractères maximum (*n*<16383).
Type numérique	NUMBER(n,[d])	Nombre de *n* chiffres [optionnellement *d* après la virgule].
Type numérique	SMALLINT	Entier signé de 16 bits (-32768 à 32757).
Type numérique	INTEGER	Entier signé de 32 bits (-2E31 à 2E31-1).
Type numérique	FLOAT	Nombre à virgule flottante.
Type horaire	DATE	Date sous la forme 16/07/99.
Type horaire	TIME	Heure sous la forme 12:54:24.85.
Type horaire	TIMESTAMP	Date et Heure.

L'option `NOT NULL`, placée immédiatement après le type de donnée permet de préciser au système que la saisie de ce champ est obligatoire.

Expression de contraintes d'intégrité

Une **contrainte d'intégrité** est une clause permettant de contraindre la modification de tables, faite par l'intermédiaire de requêtes d'utilisateurs, afin que les données saisies dans la base soient conformes aux données attendues. Ces contraintes doivent être exprimées dès la création de la table grâce aux mots clés suivants : `CONSTRAINT`, `DEFAULT`, `NOT NULL`, `UNIQUE`, `CHECK` ?

❑ Définir une valeur par défaut

Le langage SQL permet de définir une **valeur par défaut** lorsqu'un champ de la base n'est pas renseigné grâce à la clause `DEFAULT`. Cela permet notamment de faciliter la création de tables, ainsi que de garantir qu'un champ ne sera pas vide.

La clause `DEFAULT` doit être suivie par la valeur à affecter. Cette valeur peut être un des types suivants :

- constante numérique,
- constante alphanumérique (chaîne de caractères),

- le mot-clé **USER** (nom de l'utilisateur),
- le mot-clé **NULL**,
- le mot-clé **CURRENT_DATE** (date de saisie),
- le mot-clé **CURRENT_TIME** (heure de saisie),
- le mot-clé **CURRENT_TIMESTAMP** (date et heure de saisie).

❑ Forcer la saisie d'un champ

Le mot-clé NOT NULL permet de spécifier qu'un champ doit être saisi, c'est-à-dire que le SGBD refusera d'insérer des *tuples* dont un champ comportant la clause NOT NULL n'est pas renseigné.

❑ Émettre une condition sur un champ

Il est possible de faire un **test sur un champ** grâce à la clause CHECK() comportant une condition logique portant sur une valeur entre les parenthèses. Si la valeur saisie est différente de NULL, le SGBD va effectuer un test grâce à la condition logique. Celui-ci peut éventuellement être une condition avec des ordres SELECT...

❑ Tester l'unicité d'une valeur

La clause UNIQUE permet de vérifier que la **valeur saisie** pour un champ n'existe pas déjà dans la table. Cela permet de garantir que toutes les valeurs d'une colonne d'une table seront différentes.

❑ Nommer une contrainte

Il est possible de **donner un nom à une contrainte** grâce au mot-clé CONSTRAINT suivi du nom que l'on donne à la contrainte, de telle manière à ce que le nom donné s'affiche en cas de non-respect de l'intégrité, c'est-à-dire lorsque la clause que l'on a spécifiée n'est pas validée.

Si la clause CONSTRAINT n'est pas spécifiée, un nom sera donné arbitrairement par le SGBD. Toutefois, le nom donné par le SGBD risque fortement de ne pas être compréhensible, et ne sera vraisemblablement pas compris lorsqu'il y aura une erreur d'intégrité. La stipulation de cette clause est donc fortement conseillée.

Exemple

Syntaxe d'une instruction de création de table avec contraintes :

```
CREATE TABLE clients(
Nom    char(30) NOT NULL,
```

```
Prenom char(30) NOT NULL,
Age    integer, check (age < 100),
Email  char(50) NOT NULL, check (Email LIKE "%@%")
)
```

Définition de clés

Grâce à SQL, il est possible de **définir des clés**, c'est-à-dire spécifier la (ou les) colonne(s) dont la connaissance permet de désigner précisément un et un seul *tuple* (une ligne) :

- L'ensemble des colonnes faisant partie de la table en cours permettant de désigner de façon unique un *tuple* est appelé **clé primaire** et se définit grâce à la clause PRIMARY KEY suivie de la liste de colonnes, séparées par des virgules, entre parenthèses. Ces colonnes ne peuvent alors plus prendre la valeur NULL et doivent être telles que deux lignes ne puissent avoir simultanément la même combinaison de valeurs pour ces colonnes :

```
PRIMARY KEY (colonne1, colonne2, ...)
```

- Lorsqu'une liste de colonnes de la table en cours de définition permet de définir la clé primaire d'une table étrangère, on parle alors de **clé étrangère**, et on utilise la clause FOREIGN KEY suivie de la liste de colonnes de la table en cours de définition, séparées par des virgules, entre parenthèses, puis de la clause REFERENCES suivie du nom de la table étrangère et de la liste de ses colonnes correspondantes, séparées par des virgules, entre parenthèses :

```
FOREIGN KEY (colonne1, colonne2, ...)
REFERENCES
Nom_de_la_table_etrangere(colonne1,colonne2,...)
```

❑ Trigger (gâchette) : garantie de l'intégrité référentielle

Les clés étrangères permettent de définir les colonnes d'une table garantissant la validité d'une autre table. Ainsi, il existe des éléments, appelés **triggers** (ou *gâchettes* ou *déclencheurs*), permettant de garantir l'ensemble de ces contraintes que l'on désigne par le terme d'**intégrité référentielle**, c'est-à-dire notamment de s'assurer qu'un *tuple* utilisé à partir d'une autre table existe réellement.

Ces triggers sont `ON DELETE` et `ON UPDATE` :

- `ON DELETE` est suivi d'arguments entre accolades permettant de spécifier l'action à réaliser en cas d'effacement d'une ligne de la table faisant partie de la clé étrangère :
  - `CASCADE` indique la suppression en cascade des lignes de la table étrangère dont les clés étrangères correspondent aux clés primaires des lignes effacées.
  - `RESTRICT` indique une erreur en cas d'effacement d'une valeur correspondant à la clé.
  - `SET NULL` place la valeur `NULL` dans la ligne de la table étrangère en cas d'effacement d'une valeur correspondant à la clé.
  - `SET DEFAULT` place la valeur par défaut (qui suit ce paramètre) dans la ligne de la table étrangère en cas d'effacement d'une valeur correspondant à la clé.
- `ON UPDATE` est suivi d'arguments entre accolades permettant de spécifier l'action à réaliser en cas de modification d'une ligne de la table faisant partie de la clé étrangère :
  - `CASCADE` indique la modification en cascade des lignes de la table étrangère dont les clés primaires correspondent aux clés étrangères des lignes modifiées.
  - `RESTRICT` indique une erreur en cas de modification d'une valeur correspondant à la clé.
  - `SET NULL` place la valeur `NULL` dans la ligne de la table étrangère en cas de modification d'une valeur correspondant à la clé.
  - `SET DEFAULT` place la valeur par défaut (qui suit ce paramètre) dans la ligne de la table étrangère en cas de modification d'une valeur correspondant à la clé.

Création d'assertions

Les **assertions** sont des expressions devant être satisfaites lors de la modification de données pour que celles-ci puissent être réalisées. Ainsi, elles permettent de garantir l'intégrité des données. Leur syntaxe est la suivante :

```
CREATE ASSERTION Nom_de_la_contrainte CHECK
(expression_conditionnelle)
```

La condition à remplir peut (et est généralement) être effectuée grâce à une clause SELECT.

Attention !

Les assertions ne sont pas implémentées dans l'ensemble des SGBDR...

Vues

Une **vue** est une table virtuelle, c'est-à-dire dont les données ne sont pas stockées dans une table de la base de données, et dans laquelle il est possible de rassembler des informations provenant de plusieurs tables. On parle de « vue » car il s'agit simplement d'une représentation des données dans le but d'une exploitation visuelle. Les données présentes dans une vue sont définies grâce à une clause SELECT.

La **création d'une vue** se fait grâce à la clause CREATE VIEW suivie du nom que l'on donne à la vue, puis du nom des colonnes dont on désire agrémenter cette vue (il faut autant de redéfinitions de colonne qu'il y en aura en sortie), puis enfin d'une clause AS précédant la sélection. La syntaxe d'une vue ressemble donc à ceci :

```
CREATE VIEW Nom_de_la_Vue (colonnes)
AS SELECT ...
```

Voici ce que cela pourrait donner :

```
CREATE VIEW Vue (colonneA,colonneB,colonneC,colonneD)
AS SELECT colonne1,colonne2,colonneI,colonneII
FROM Nom_table1 Alias1,Nom_tableII AliasII
WHERE Alias1.colonne1 = AliasII.colonneI
AND Alias1.colonne2 = AliasII.colonneII
```

Les vues ainsi créées peuvent être l'objet de nouvelles requêtes en précisant le nom de la vue au lieu d'un nom de table dans un ordre SELECT...

La vue représente de cette façon une sorte d'intermédiaire entre la base de données et l'utilisateur. Cela a de nombreuses conséquences :

- une sélection des données à afficher ;
- une restriction d'accès à la table pour l'utilisateur, c'est-à-dire une sécurité des données accrue ;
- un regroupement d'informations au sein d'une entité.

Notion d'index

Un **index** est un objet complémentaire (mais non indispensable) à la base de données permettant d'« indexer » certaines colonnes dans le but d'améliorer l'accès aux données par le SGBDR, au même titre qu'un index dans un livre ne vous est pas indispensable mais vous permet souvent d'économiser du temps lorsque vous recherchez une partie spécifique de ce dernier...

Toutefois la création d'index utilise de l'espace mémoire dans la base de données, et, étant donné qu'il est mis à jour à chaque modification de la table à laquelle il est rattaché, peut alourdir le temps de traitement du SGBDR lors de la saisie de données. Par conséquent il faut que la création d'index soit justifiée et que les colonnes sur lesquelles il porte soient judicieusement choisies (de telle façon à minimiser les doublons). De cette façon certains SGBDR créent automatiquement un index lorsqu'une clé primaire est définie.

La **création d'index** en SQL se fait grâce à la clause INDEX précédée de la clause CREATE. Elle permet de définir un index désigné par son nom, portant sur certains champs d'une table. La syntaxe est la suivante :

```
CREATE [UNIQUE] INDEX Nom_de_l_index
ON Nom_de_la_table
(Nom_de_champ [ASC/DESC], ...)
```

- L'option UNIQUE permet de définir la présence ou non de doublons pour les valeurs de la colonne.
- Les options ASC/DESC permettent de définir un ordre de classement des valeurs présentes dans la colonne.

Modification de table

Il est possible de supprimer une **table** grâce à la clause DROP, il existe aussi des commandes moins extrêmes permettant :

- l'ajout de colonnes,
- la modification de colonnes,
- la suppression de colonnes.

Enfin, il est possible d'ajouter des commentaires à une table grâce à la clause COMMENT.

Suppression d'éléments

La clause DROP permet d'éliminer des vues, des index et même des tables. Cette clause est toutefois à utiliser avec parcimonie dans la mesure où elle est irréversible.

- La suppression d'une **vue** se fait avec la syntaxe suivante :

```
DROP VIEW Nom_de_la_vue
```

- La suppression d'un **index** se fait avec la syntaxe suivante :

```
DROP INDEX Nom_de_l_index
```

- La suppression d'une **table** se fait avec la syntaxe suivante :

```
DROP TABLE Nom_de_la_table
```

- La suppression des **données uniquement** : la clause DROP lorsqu'elle est utilisée sur une table élimine les données ainsi que la structure de la table. Il est possible de supprimer uniquement les données en conservant la structure de la table grâce à la clause TRUNCATE. La suppression des données d'une table se fait avec la syntaxe suivante :

```
TRUNCATE TABLE Nom_de_la_table
```

Ajout de colonnes

Associée avec la clause ADD, la clause ALTER permet l'ajout de colonnes à une table. La syntaxe est la suivante :

```
ALTER TABLE Nom_de_la_table
ADD Nom_de_la_colonne Type_de_donnees
```

Modification de colonnes

Associée avec la clause MODIFY, la clause ALTER permet la modification du type de données d'une colonne. La syntaxe est la suivante :

```
ALTER TABLE Nom_de_la_table
MODIFY Nom_de_la_colonne Type_de_donnees
```

Sous Access 2000, la syntaxe est la suivante :

```
ALTER TABLE Nom_de_la_table
ALTER COLUMN Nom_de_la_colonne Type_de_donnees
```

Suppression de colonnes

La clause ALTER permet la modification des colonnes d'une table. Associée avec la clause DROP COLUMN, elle permet de supprimer des colonnes. La syntaxe est la suivante :

```
ALTER TABLE Nom_de_la_table
DROP COLUMN Nom_de_la_colonne
```

Il faut noter que la suppression de colonnes n'est possible que dans le cas où :

- la colonne ne fait pas partie d'une vue,
- la colonne ne fait pas partie d'un index,
- la colonne n'est pas l'objet d'une contrainte d'intégrité.

Ajouter des commentaires à une table

Grâce à la clause COMMENT, il est possible de documenter ses tables en leur ajoutant des commentaires, c'est-à-dire une description

- soit de la table elle-même :

```
COMMENT Nom_de_la_table IS 'Commentaires';
```

- soit de certaines colonnes en particulier :

```
COMMENT Nom_de_la_table.Nom_de_la_colonne IS
'Commentaires';
```

- soit d'une vue :

```
COMMENT Nom_de_la_vue IS 'Commentaires';
```

Renommer une table

Il peut parfois être intéressant de renommer une table, c'est la clause `RENAME` qui permet cette opération. La syntaxe de cette clause est :

```
RENAME TABLE Ancien_Nom TO Nouveau_Nom
```

> **Attention !**
>
> La clause RENAME n'est pas implémentée dans tous les SGBDR, consultez la documentation de votre SGBD !

Gestion des permissions

Plusieurs personnes peuvent travailler simultanément sur une base de données, toutefois ces personnes n'ont pas forcément les mêmes besoins: certaines peuvent par exemple nécessiter de modifier des données dans la table, tandis que les autres ne l'utiliseront que pour la consulter. Ainsi, il est possible de définir des permissions pour chaque personne en leur octroyant un mot de passe. Cette tâche incombe à l'**administrateur de la base de données** (DBA, *DataBase Administrator*). Il doit dans un premier temps définir les besoins de chacuns, puis les appliquer à la base de données sous forme de permissions. Le langage SQL permet d'effectuer ces opérations grâce à deux clauses :

- `GRANT` permet d'accorder des droits à un (parfois plusieurs sur certains SGBD) utilisateur.
- `REVOKE` permet de retirer des droits à un (ou plusieurs sur certains SGBD) utilisateur.

Les **permissions** (appelées aussi *droits* ou *privilèges*) peuvent être définies pour chaque (un grand nombre) clause. Il est aussi possible de définir des **rôles** c'est-à-dire de permettre à d'autres utilisateurs d'accorder des permissions.

Privilèges

Les **privilèges** sont les clauses qui peuvent être autorisées/retirées à un utilisateur. Les principales sont :

- `DELETE` : privilège de supprimer les données d'une table.
- `INSERT` : privilège d'ajouter des données à une table.
- `SELECT` : privilège d'accéder aux données d'une table.
- `UPDATE` : privilège de mettre à jour les données d'une table.

Droits

L'unique personne pouvant accorder ou retirer des **droits** sur un élément (table, vue ou index) est la personne qui l'a créé. Toutefois, il lui est possible de transmettre ce droit d'accorder/retirer des droits, auquel cas la personne aura le droit de transmettre ce « pouvoir » sur ces éléments.

Chapitre 11

Modélisation de bases de données

Conception d'un système d'information

La **conception** d'un système de bases de données n'est pas évidente car il faut réfléchir à l'ensemble de l'organisation que l'on doit mettre en place. La phase de conception nécessite des méthodes permettant de mettre en place un modèle sur lequel on va s'appuyer après une phase d'analyse. La **modélisation** consiste à créer une représentation virtuelle d'une réalité de telle façon à faire ressortir les points auxquels on s'intéresse. Il existe plusieurs méthodes d'analyse, une des méthodes les plus utilisées en France étant la **méthode MERISE**.

Méthode MERISE

MERISE est une méthode de conception, de développement et de réalisation de projets informatiques. Le but de cette méthode est d'arriver à concevoir un système d'information. La méthode MERISE est basée sur la séparation des données et des traitements à effectuer en plusieurs modèles conceptuels et physiques.

La séparation des données et des traitements assure une longévité au modèle. En effet, l'agencement des données n'a pas à être souvent remanié, tandis que les traitements le sont plus fréquemment.

La méthode MERISE date de 1978-1979, et fait suite à une consultation nationale lancée en 1977 par le ministère de l'Industrie dans le but de choisir des sociétés de conseil en informatique afin de définir une méthode de conception de systèmes d'information. Les deux principales sociétés ayant mis au point cette méthode sont le CTI (Centre technique d'informatique) chargé de gérer le projet, et le CETE (Centre d'études techniques de l'équipement) implanté à Aix-en-Provence.

Cycle d'abstraction de conception des systèmes d'information

La conception du système d'information se fait par étapes, afin d'aboutir à un **système d'information fonctionnel** reflétant une réalité physique. Il s'agit donc de valider une à une chacune des étapes en prenant en compte les résultats de la phase précédente. D'autre part, les données étant séparées des traitements, il faut vérifier la concordance entre données et traitements afin de vérifier que toutes les données nécessaires aux traitements sont présentes et qu'il n'y a pas de données superflues.

Cette succession d'étapes est appelée **cycle d'abstraction pour la conception des systèmes d'information** :

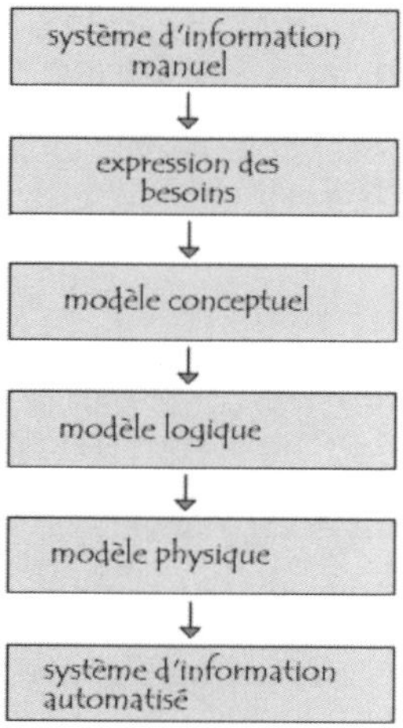

L'expression des besoins est une étape consistant à définir ce que l'on attend du système d'information automatisé, il faut pour cela :

- faire l'inventaire des éléments nécessaires au système d'information,
- délimiter le système en s'informant auprès des futurs utilisateurs.

Cela va permettre de créer le **MCC** (Modèle conceptuel de la communication) qui définit les flux d'informations à prendre en compte. L'étape suivante consiste à mettre au point le **MCD** (Modèle conceptuel des données) et le **MCT** (Modèle conceptuel des traitements) décrivant les règles et les contraintes à prendre en compte :

- Le **modèle organisationnel** consiste à définir le **MOT** (Modèle organisationnel des traitements) décrivant les contraintes dues à l'environnement (organisationnel, spatial et temporel).
- Le **modèle logique** représente un choix logiciel pour le système d'information.
- Le **modèle physique** reflète un choix matériel pour le système d'information.

Modèle conceptuel de la communication (MCC)

Définition de l'organisation

La première étape de ce modèle est d'arriver à isoler le système en le délimitant. Il s'agit donc de définir le système et les éléments externes avec lesquels il échange des flux d'information. Ces éléments extérieurs sont appelés **acteurs externes** (*partenaires*).

La seconde étape consiste à découper l'organisation en entités appelées **acteurs internes** (*domaines*). Lorsque les domaines d'une organisation sont trop importants, ils peuvent être décomposés eux-mêmes en **sous-domaines**.

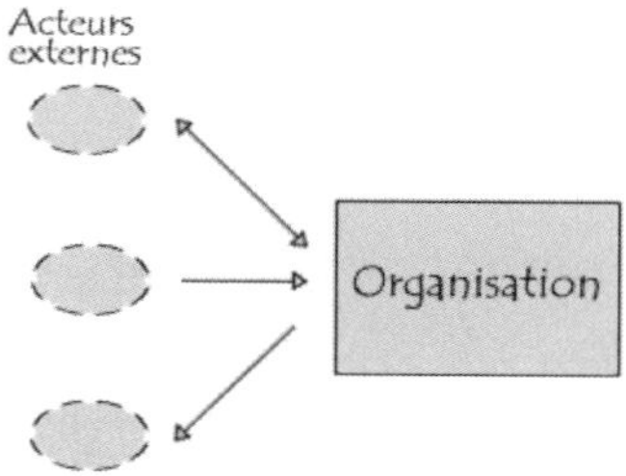

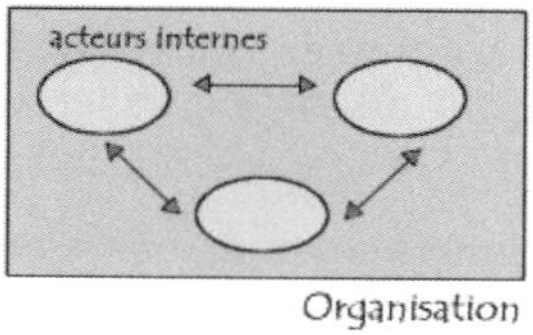

La dernière étape est l'analyse des flux d'information, c'est-à-dire la définition des **processus**.

Diagramme de contexte

Le **diagramme de contexte** a pour but de représenter les flux d'informations entre l'organisation et les acteurs externes selon une représentation standard dans laquelle chaque objet porte un nom :

- l'organisation est représentée par un rectangle,
- les acteurs externes sont représentés par des ellipses en pointillés,
- les flux d'information sont représentés par des flèches dont l'orientation désigne le sens du flux d'information.

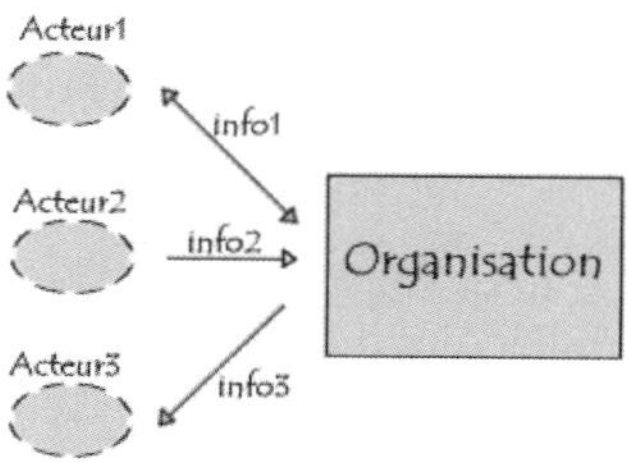

Diagramme conceptuel de flux

Le **diagramme conceptuel de flux,** appelé aussi *modèle conceptuel de la communication,* permet de compléter le diagramme de contexte en décomposant l'organisation en une série d'acteurs internes. Dans ce diagramme la représentation standard est la suivante :

- les acteurs internes sont représentés par des ellipses,
- les messages internes sont représentés par des flèches.

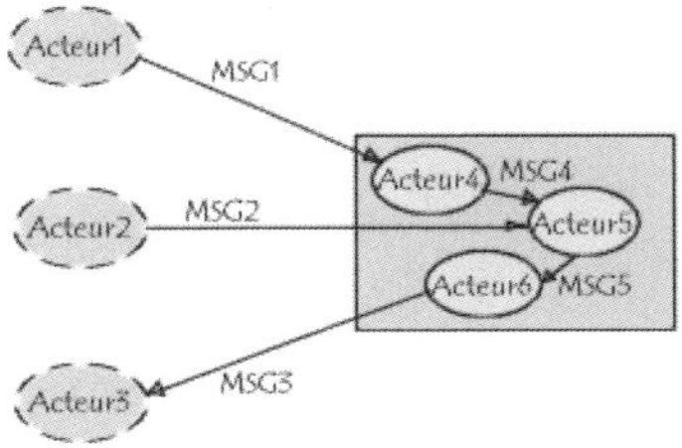

Contraintes sur rôles

La cardinalité d'une relation permet de définir les conditions de participation d'une entité à une relation. Toutefois, une entité peut participer à plusieurs relations, c'est ce que l'on nomme les **contraintes sur rôles**.

❏ Contraintes de totalité sur rôles

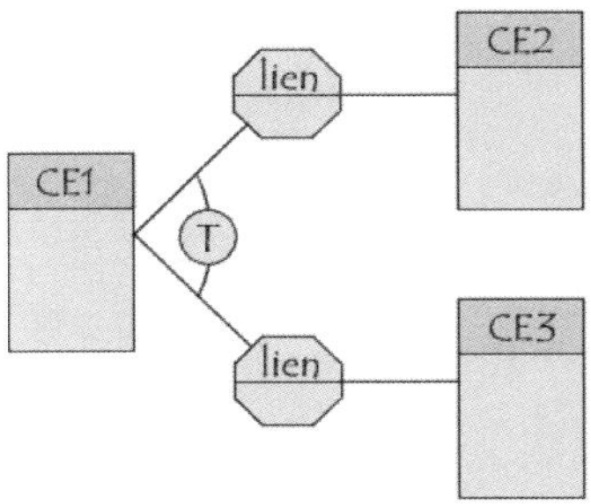

La **contrainte de totalité sur rôles** exprime le fait qu'une entité participe au moins à une des classes de relation qu'elle met en œuvre. Elle est représentée par un « T » reliant deux classes d'entités.

❑ Contraintes d'exclusion sur rôles

La **contrainte d'exclusion sur rôles** exprime le fait qu'une entité ne peut pas participer aux deux classes de relation simultanément. Elle est représentée par un « X » reliant deux classes d'entités.

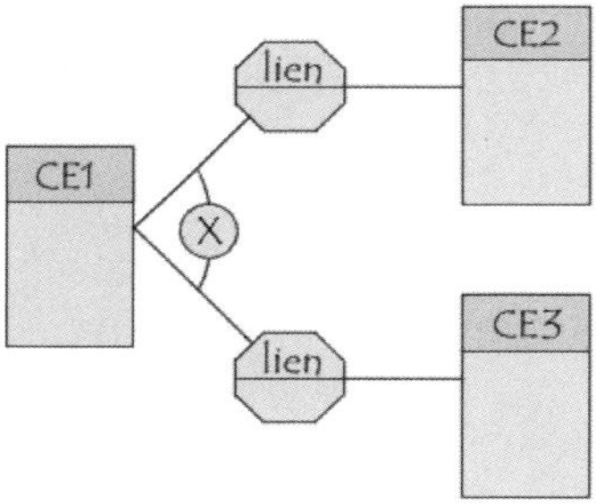

Lorsque cette contrainte fait intervenir plusieurs relations, l'entité ne peut pas participer à toutes les relations simultanément, tout au plus à n–1 relations.

❑ Contraintes de sous-ensemble sur rôles

La **contrainte de sous-ensemble sur rôles** exprime le fait qu'une entité participant à une classe de relation, participe obligatoirement à l'autre relation. Elle est représentée par une flèche reliant deux classes d'entités et montrant la direction de l'implication.

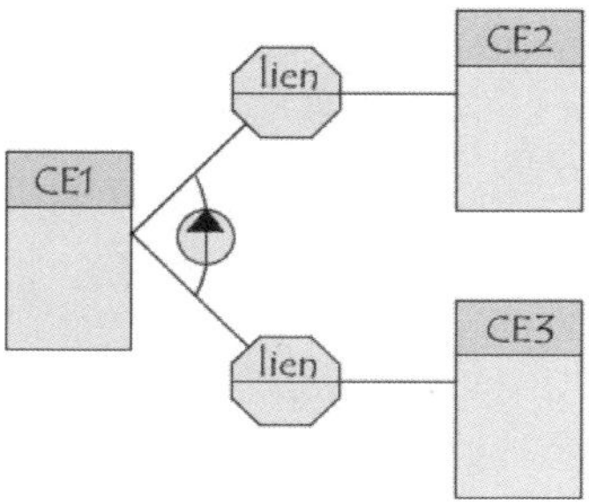

Cette contrainte ne fait intervenir que deux relations.

❑ Contraintes d'égalité sur rôles

La **contrainte d'égalité sur rôles** exprime le fait qu'une entité participant à une classe de relation, participe obligatoirement à l'autre relation, et réciproquement. Il s'agit donc d'une contrainte de sous-ensemble bidirectionnelle. Elle est représentée par un signe « = » reliant deux classes d'entités.

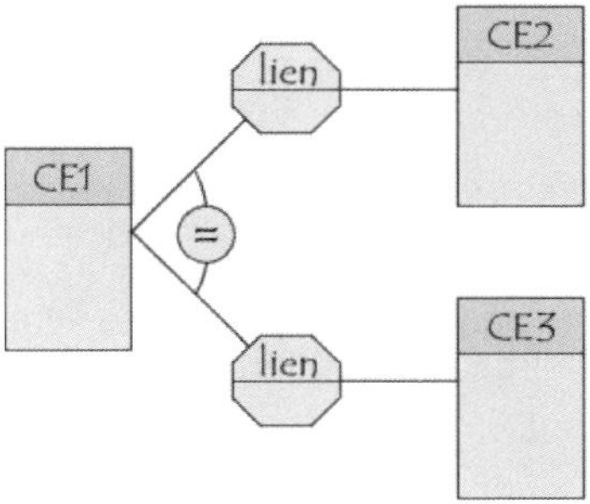

Cette contrainte peut faire intervenir plusieurs relations, auquel cas une entité participant à une relation doit participer aux *n* relations.

Contraintes sur relations

Alors que les contraintes sur rôles permettent de définir les conditions de participation d'une entité à une relation, les **contraintes sur relations** permettent d'exprimer des restrictions sur les classes de relation.

❑ Contraintes d'exclusion sur relations

La **contrainte d'exclusion sur relations** exprime le fait que deux occurrences de classes d'entité ne peuvent pas participer simultanément à une même classe de relation. Elle est représentée par un « X » reliant deux classes de relation.

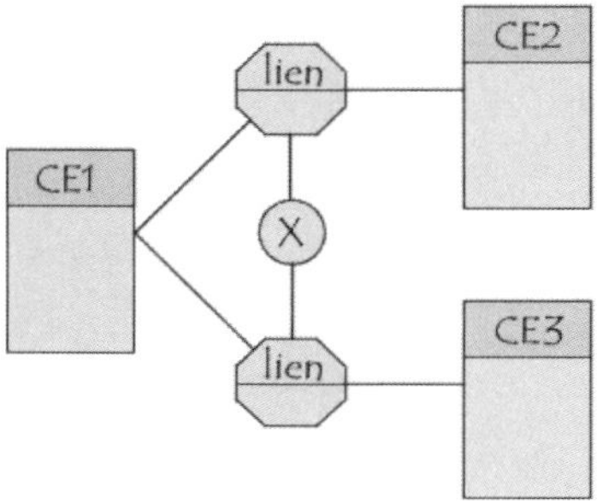

❑ Contraintes de sous-ensemble sur relations

La **contrainte de sous-ensemble sur relations** exprime le fait qu'une occurrence de classe d'entité participant à une classe de relation, participe obligatoirement à l'autre classe de relation. Elle est représentée par une flèche reliant deux classes de relation et montrant la direction de l'implication.

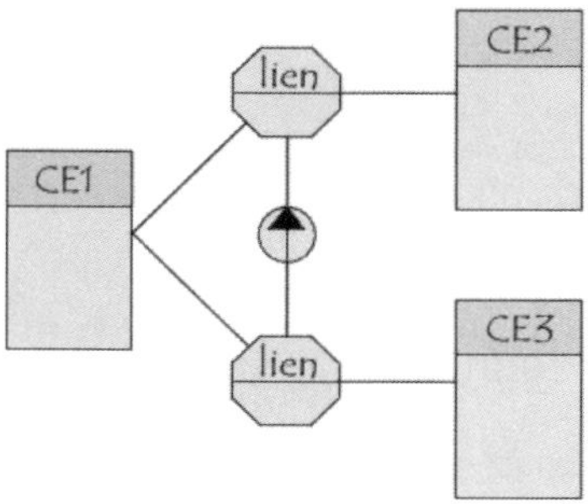

Cette contrainte ne fait intervenir que deux relations.

❑ Contraintes d'égalité sur relations

La **contrainte d'égalité sur relations** exprime le fait qu'une occurrence de classe d'entité participant à une classe de relation, participe obligatoirement à l'autre classe de relation, et réciproquement. Il s'agit donc d'une contrainte de sous-ensemble bidirectionnelle. Elle est représentée par un signe « = » reliant deux classes de relation.

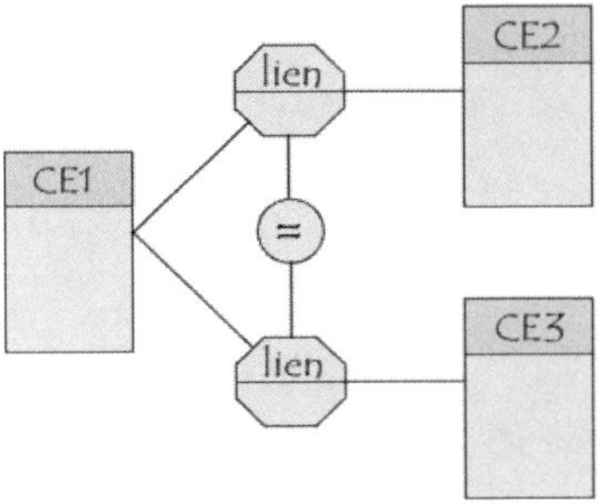

Cette contrainte peut faire intervenir plusieurs occurrences de classes d'entité, auquel cas une occurrence de classe d'entité participant à une classe de relation doit participer aux *n* classes de relation.

Modèle conceptuel des données (MCD)

Le **modèle conceptuel des données** (MCD) a pour but d'écrire de façon formelle les données qui seront utilisées par le système d'information. Il s'agit donc d'une représentation des données, facilement compréhensible, permettant de décrire le système d'information à l'aide d'entités.

Entités et classe d'entité

Une **entité** est la représentation d'un élément matériel ou immatériel ayant un rôle dans le système que l'on désire décrire. On appelle **classe d'entité** un ensemble composé d'entités de même type, c'est-à-dire dont la définition est la même. Le classement des entités au sein d'une classe s'appelle **classification** (ou *abstraction*). Une entité est une **instanciation** de la classe. Chaque entité est composée de propriétés, données élémentaires permettant de la décrire.

Exemple

Prenons par exemple une *Ford Fiesta*, une *Renault Laguna* et une *Peugeot 306*. Il s'agit de trois entités faisant partie d'une classe d'entité que l'on pourrait appeler *voiture*. La *Ford Fiesta* est donc une instanciation de la classe *voiture*. Chaque entité peut posséder les propriétés *couleur*, *année* et *modèle*.

Les classes d'entités sont représentées par un rectangle. Ce rectangle est séparé en deux champs :

- le champ du haut contient le libellé. Ce libellé est généralement une abréviation pour une raison de simplification de l'écriture. Il s'agit par contre de vérifier qu'à chaque classe d'entité correspond un et un seul libellé, et réciproquement ;
- le champ du bas contient la liste des propriétés de la classe d'entité.

Relations et classes de relation

Une **relation** (appelée aussi parfois *association*) représente les liens sémantiques qui peuvent exister entre plusieurs entités. Une **classe de relation** contient donc toutes les relations de même type (qui relient donc des entités appartenant à des mêmes classes d'entité). Une classe de relation peut lier plus de deux classes d'entité. Voici les dénominations des classes de relation selon le nombre d'intervenants :

- une classe de relation **récursive** (ou *réflexive*) relie la même classe d'entité ;
- une classe de relation **binaire** relie deux classes d'entité ;
- une classe de relation **ternaire** relie trois classes d'entité ;
- une classe de relation **n-aire** relie *n* classes d'entité.

Les classes de relations sont représentées par des hexagones (parfois des ellipses) dont l'intitulé décrit le type de relation qui relie les classes d'entité (généralement un verbe). On définit pour chaque classe de relation un identificateur de la forme R_i permettant de désigner de façon unique la classe de relation à laquelle il est associé.

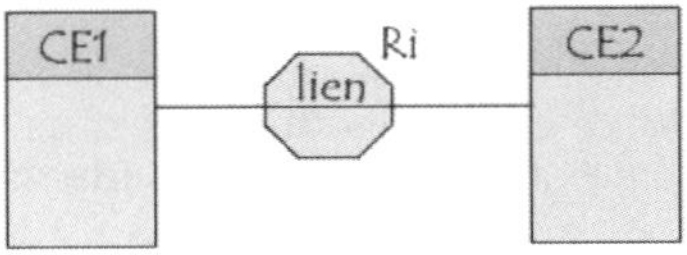

On peut éventuellement ajouter des propriétés aux classes de relation.

Cardinalité

La **cardinalité** permet de caractériser le lien qui existe entre une entité et la relation à laquelle elle est reliée. La cardinalité d'une relation est composée d'un couple comportant une borne maximale et une borne minimale, intervalle dans lequel la cardinalité d'une entité peut prendre sa valeur :

- la **borne minimale** (généralement 0 ou 1) décrit le nombre minimum de fois qu'une entité peut participer à une relation ;
- la **borne maximale** (généralement 1 ou *n*) décrit le nombre maximum de fois qu'une entité peut participer à une relation.

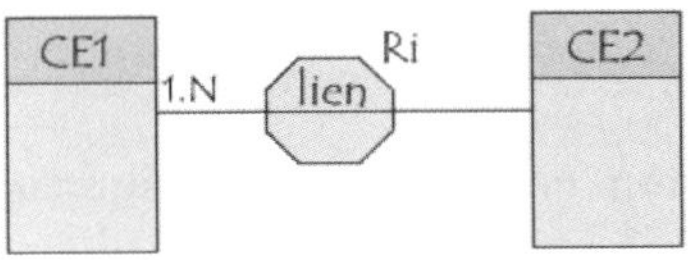

Exemple

Une cardinalité 1.N signifie que chaque entité appartenant à une classe d'entité participe au moins une fois à la relation. Une cardinalité 0.N signifie que chaque entité appartenant à une classe d'entité ne participe pas forcément à la relation.

Identifiant

Un **identifiant** est un ensemble de propriétés (une ou plusieurs) permettant de désigner une et une seule entité : *l'identifiant est une propriété particulière d'un objet telle qu'il n'existe pas deux occurrences de cet objet pour lesquelles cette propriété pourrait prendre une même valeur.*

Les attributs d'une classe d'entité permettant de désigner de façon unique chaque instance de cette entité (c'est-à-dire ne faisant référence à aucune autre entité) sont appelés **identifiants absolus**.

Le modèle conceptuel des données propose de faire précéder d'un **#** les identifiants (parfois de les souligner).

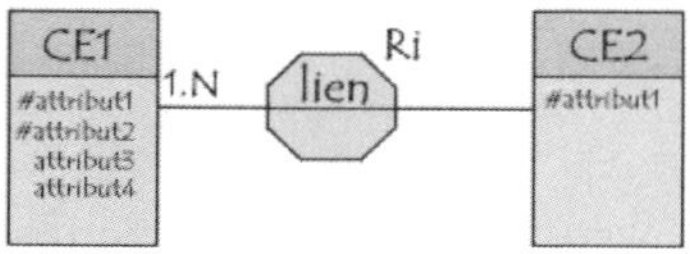

Ainsi, chaque classe d'entité doit posséder au moins un attribut identifiant, et l'ensemble de ses attributs identifiants doivent être renseignés à la création de l'entité.

Agrégation

Les entités comportant des **identifiants absolus** peuvent être définies indépendamment des autres occurrences d'entités, on dit que ces entités sont **indépendantes**.

Certaines entités ne peuvent toutefois être identifiées que par l'intermédiaire d'autres entités, c'est la raison pour laquelle on parle d'**identification relative** ou d'**agrégation** (on parlera par exemple de *la 4e porte au 2e étage du bâtiment B* au lieu de dire la porte n°3451...). L'agrégation repose sur deux types de classe d'entité :

- La classe d'entité permettant d'identifier qui est appelée **classe d'entité agrégeante.**
- La classe d'entité identifiée qui est appelée **classe d'entité agrégée**.

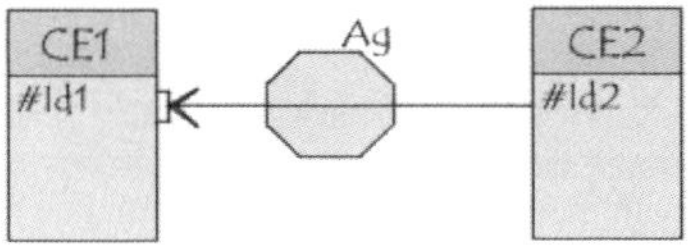

Modèle conceptuel des traitements (MCT)

Le **modèle conceptuel des traitements** permet de traiter la dynamique du système d'information, c'est-à-dire les opérations qui sont réalisées en fonction d'événements.

Ce modèle permet donc de représenter de façon schématique l'activité d'un système d'information sans faire référence à des choix organisationnels ou des moyens d'exécution, c'est-à-dire qu'il permet de définir simplement ce qui doit être fait, mais il ne dit pas quand, comment ni où...

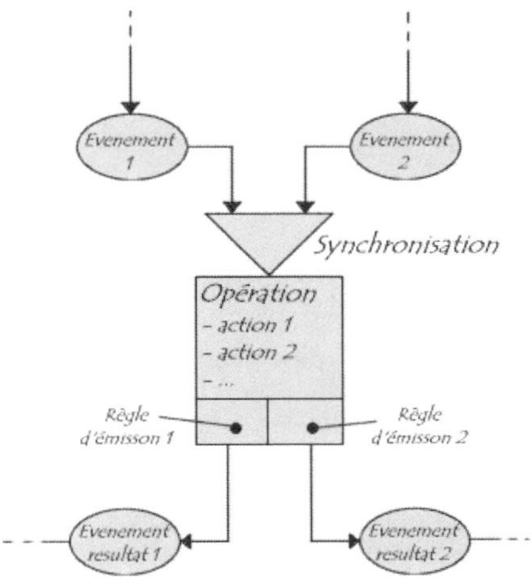

Événement, processus et synchronisation

Un **événement** représente un changement dans l'univers extérieur au système d'information, ou dans le système d'information lui-même.

- un **événement externe** est un changement de l'univers extérieur,
- un **événement interne** est un changement interne au système d'information.

On représente un événement par une ellipse en trait plein pour les événements internes à l'organisation, en trait pointillé pour les événements externes.

Un **processus** est un sous-ensemble de l'activité de l'entreprise, cela signifie que l'activité de l'entreprise est constituée d'un ensemble de processus. Un processus est lui-même composé de traitements regroupés en ensembles appelés *opérations*. Une **opération** est un ensemble d'actions exécutées par le système suite à un événement, ou à une conjonction d'événements. Cet ensemble d'actions est ininterruptible, c'est-à-dire que les événements ne sont pas pris en compte (ils ne sont pas forcément ignorés pour autant) tant que l'opération n'a pas été accomplie.

La **synchronisation** d'une opération définit une condition booléenne sur les événements contributifs devant déclencher une opération. Il s'agit donc de conditions au niveau des événements régies par une condition logique réalisée grâce aux opérateurs : OU, ET, NON

Modèle organisationnel des traitements (MOT)

Le **modèle organisationnel des traitements** s'attache à décrire les propriétés des traitements non traitées par le modèle conceptuel des données, c'est-à-dire : le temps, les ressources et le lieu.

Le modèle organisationnel des traitements consiste donc à représenter le modèle conceptuel des traitements dans un tableau dont les colonnes sont la durée, le lieu, les responsables et ressources nécessaires à une action.

❑ Tableau des procédures fonctionnelles

La première étape du modèle organisationnel des traitements consiste à découper les opérations en **procédures fonctionnelles**, une succession de traitements déclenchée par un événement. Il s'agit donc d'associer dans un tableau :

- les procédures fonctionnelles,
- l'heure de début et de fin,
- le lieu du poste de travail,
- le responsable du poste de travail,
- les ressources du poste de travail.

procédure	temps		poste de travail		
	début	durée	lieu	responsable	ressources

Modèle logique des données

Le **modèle logique des données** consiste à décrire la structure de données utilisée sans faire référence à un langage de programmation. Il s'agit donc de préciser le type de données utilisées lors des traitements. Ainsi, le modèle logique est dépendant du type de base de données utilisé.

❑ Traduction d'une classe d'entité

Chaque **classe d'entité** du modèle conceptuel devient une table dans le modèle logique. Les identifiants de la classe d'entité sont appelés **clés de la table**, tandis que les attributs standard deviennent des **attributs de la table**, c'est-à-dire des **colonnes**.

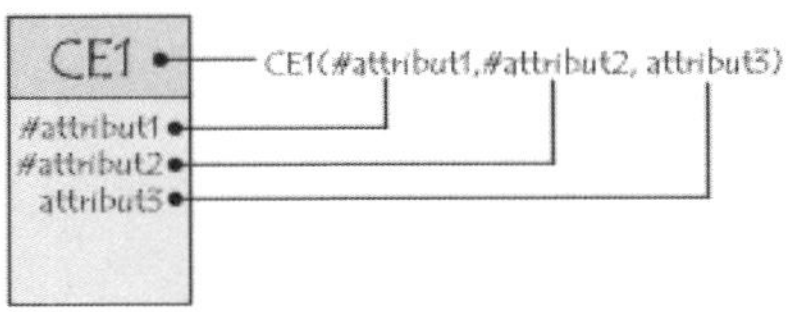

❑ Traduction d'une classe de relation

Le passage du modèle conceptuel au modèle logique au niveau des **classes de relation** se fait selon les cardinalités des classes d'entité participant à la relation :

➤ Si une des classes d'entités possède une **cardinalité faible** : la table aura comme attributs, les attributs de la classe ayant une cardinalité faible, puis le (ou les) attribut(s) de relation et enfin les attributs de la seconde classe précédés du nom de la classe.
➤ Si les deux classes d'entités possèdent une **cardinalité forte** : la table aura comme attributs, les attributs des deux classes de relation précédés des noms des classes respectives, puis le (ou les) attribut(s) de relation.

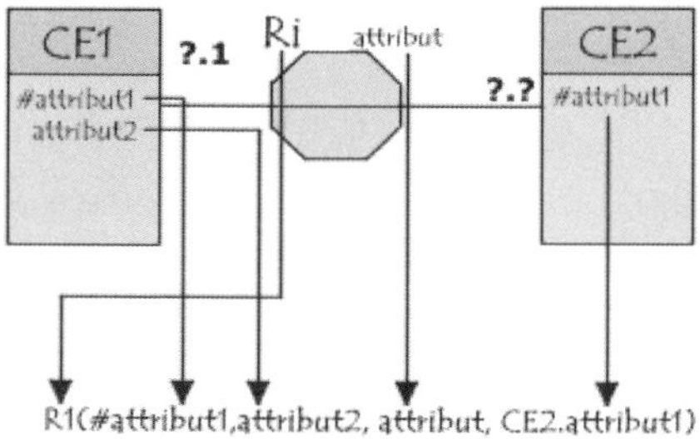

❏ Traduction d'une classe d'agrégation

Dans le cas de la présence d'une **classe d'agrégation**, la classe d'entité agrégée a comme attributs supplémentaires les attributs de la classe d'entité agrégeante.

Modèle physique

Cette étape consiste à **implémenter le modèle** dans le SGBD, c'est-à-dire le traduire dans un langage de définition de données. Le langage généralement utilisé pour ce type d'opération est le SQL, et plus spécialement le langage de définition de données du SQL.

Web services

Avec l'interconnexion des ordinateurs en réseau et en particulier à travers Internet, il devient possible de faire fonctionner des applications sur des machines distantes.

L'intérêt d'une application fonctionnant à distance peut à première vue sembler inutile dans la mesure où les applications fonctionnent fort bien en local (sur le poste de l'utilisateur), néanmoins une application distante peut répondre aux problématiques suivantes :

- Les données peuvent être présentes uniquement sur le serveur distant (par exemple un catalogue produit, un classement en temps réel, etc.).
- Le serveur distant peut disposer d'une puissance de calcul ou de capacités de stockage dont l'utilisateur local ne dispose pas.
- L'application distante peut être utilisée simultanément par un grand nombre d'utilisateurs et sa mise à jour n'intervient qu'à un seul endroit.

Pour toutes ses raisons, une interaction entre des programmes distants peut être utile.

Les **Web Services** apportent une solution à ce problème en définissant une manière standard d'invoquer une application distante et d'en récupérer les résultats à travers le Web.

Mécanisme des services web

Les **Web Services** (services web) représentent un mécanisme de communication entre applications distantes à travers le réseau Internet indépendant de tout langage de programmation et de toute plate-forme d'exécution :

- Il utilise le protocole HTTP comme moyen de transport ; ainsi, les communications s'effectuent sur un support universel, maîtrisé et généralement non filtré par les pare-feu.
- Il emploie une syntaxe basée sur la notation XML pour décrire les appels de fonctions distantes et les données échangées.
- Il organise les mécanismes d'appel et de réponse.

Grâce aux services web, les applications peuvent être vues comme un ensemble de **services métiers**, structurés et correctement décrits, dialoguant selon un standard international plutôt qu'un ensemble d'objets et de méthodes entremêlés.

Le premier bénéfice de ce découpage est la facilité de maintenance de l'application, ainsi que l'interopérabilité permettant de modifier facilement un composant (un service) pour le remplacer par un autre, éventuellement développé par un tiers. Qui plus est, les services web permettent de réduire la complexité d'une application car le développeur peut se focaliser sur un service, indépendamment du reste de l'application.

Les services web facilitent non seulement les échanges entre les applications de l'entreprise mais surtout permettent une ouverture vers les autres entreprises. Les premiers fournisseurs de services web sont ainsi les fournisseurs de services en ligne (météo, bourse, planification d'itinéraire, pages jaunes, etc.), mettant à disposition des développeurs des API payantes ou non, permettant d'intégrer leur service au sein d'applications tierces.

Couches

Le fonctionnement des services web repose sur un modèle en couches, dont les trois couches fondamentales sont les suivantes :

- **Invocation** visant à décrire la structure des messages échangés par les applications.
- **Découverte**, pour permettre de rechercher et de localiser un service web particulier dans un annuaire de services décrivant le nom de la société, l'objectif de chaque service, etc.
- **Description**, dont l'objectif est la description des interfaces (paramètres des fonctions, types de données) des services web.

À savoir

Les **standards** de base utilisés par les *Web Services* (SOAP, WSDL) sont normalisés par le W3C (http://www.w3.org/2002/ws/), tandis que l'OASIS est chargée de la standardisation des couches supérieures, plus proches du niveau applicatif (sécurité, etc.).

Invocation des services

Il existe deux grands standards de services web, tous deux basés sur XML :

- **XML-RPC** (*XML Remote Procedure Call*), défini depuis 1998, est un protocole basé sur XML permettant l'invocation de procédures à distance, fonctionnant sur un principe procédural et sans gestion des états.
- **SOAP** (*Simple Object Access Protocol*), est un protocole fonctionnant selon le modèle objet définit à l'origine par Microsoft, puis standardisé par le W3C, utilisant la notation XML afin de définir les mécanismes d'échanges d'information entre des clients et des fournisseurs de services web..

Quel que soit le standard utilisé, le principe de programmation est le même : l'appel de méthode distante est réalisé grâce à une bibliothèque cliente qui transmet la demande au fournisseur de service en la formatant en XML de manière transparente; au niveau du serveur une bibliothèque serveur décode la requête, le serveur fait ses traitements, puis répond grâce à cette même bibliothèque; la bibliothèque client décode enfin la réponse afin qu'elle puisse être utilisée par l'application client.

Découverte des services

Le protocole standard le plus utilisé pour la **découverte de services** est UDDI. Le standard **UDDI**[1] (*Universal Description Discovery and Integration*) défini par l'OASIS vise à décrire une manière standard de publier et d'interroger les services web proposés par un réseau, généralement au sein d'un service d'annuaire recensant les services web de l'organisation.

Description des services

Le protocole standard le plus utilisé pour la description de services est WSDL. Le standard **WSDL** (*Web Service Description Language*) est un langage reposant sur la notation XML permettant de décrire les services we[2]b. WSDL permet ainsi de décrire l'emplacement du service web ainsi que les opérations (méthodes, paramètres et valeurs de retour) que le service propose.

Architecture orientée service

Le système d'information de l'entreprise est généralement constitué d'applications et de données constituant son **héritage** (*legacy*). Avec les fusions de groupe, l'évolution des technologies, cet héritage a tendance à devenir hétérogène et à se spécialiser par métier (entité, service, etc.), ce qui provoque un fonctionnement en silo, c'est-à-dire un cloisonnement des différents métiers empêchant certaines formes de transversalité et masquant au décideur une vision globale du système d'information de son entreprise.

Une **architecture orientée services** ou **SOA** (*Services Oriented Architecture*) est une architecture logicielle s'appuyant sur un ensemble de services simples.

L'objectif d'une architecture orientée services est donc de décomposer une fonctionnalité en un ensemble de fonctions basiques,

1. *http://uddi.microsoft.com/*
2. Voir la page dédiée aux services web sur le site du W3C : http://www.w3.org/2001/01/WSWS.

appelées **services**, fournies par des composants et de décrire finement le schéma d'interaction entre ces services.

L'idée sous-jacente est de cesser de construire la vie de l'entreprise autour d'applications pour faire en sorte de construire une architecture logicielle globale décomposée en services correspondant aux processus métiers de l'entreprise.

Lorsque l'architecture SOA s'appuie sur des web services, on parle alors de **WSOA** (*Web Services Oriented Architecture*).

Principes généraux d'une architecture orientée service

Il n'existe pas à proprement parler de spécifications officielles d'une architecture SOA, néanmoins les principales **notions fédératrices** que l'on retrouve dans une telle architecture sont les suivantes :

- La notion de **service**, c'est-à-dire une fonction encapsulée dans un composant que l'on peut interroger à l'aide d'une requête composée d'un ou plusieurs paramètres et fournissant une ou plusieurs réponses. Idéalement chaque service doit être indépendant des autres afin de garantir sa réutilisabilité et son interopérabilité.
- La **description du service**, consistant à décrire les paramètres d'entrée du service et le format et le type des données retournées. Le principal format de description de services est WSDL, normalisé par le W3C.
- La **publication** (*advertising*) et la **découverte** (*discovery*) des services. La publication consiste à publier dans un **registre** (*registry* ou *repository*) les services disponibles aux utilisateurs, tandis que la notion de découverte recouvre la possibilité de rechercher un service parmi ceux qui ont été publiés. Le principal standard utilisé est **UDDI** (*Universal Description Discovery and Integration*), normalisé par l'OASIS.
- L'**invocation**, représentant la connexion et l'interaction du client avec le service. Le principal protocole utilisé pour l'invocation de services est **SOAP**.

Avantages d'une architecture orientée service

Une architecture orientée services permet d'obtenir tous les **avantages** d'une architecture client/serveur et notamment :

- Une **modularité** permettant de remplacer facilement un composant (service) par un autre.
- Une **réutilisabilité** possible des composants (par opposition à un système tout-en-un fait sur mesure pour une organisation).
- De meilleures **possibilités d'évolution** (il suffit de faire évoluer un service ou d'ajouter un nouveau service).
- Une plus grande **tolérance aux pannes**.
- Une **maintenance facilitée**.

Chapitre 13

XML

Présentation

XML (*eXtensible Markup Language* ou *langage à balises étendu*, *langage à balises extensible*) est en quelque sorte un langage HTML amélioré permettant de définir de nouvelles balises. Il s'agit d'un langage permettant de mettre en forme des documents grâce à ces **balises** (*markup* ou *tag*).

Contrairement à HTML, qui est à considérer comme un langage défini et figé (avec un nombre de balises limité), XML peut être considéré comme un **métalangage** permettant de définir d'autres langages. La force de XML réside dans sa capacité à pouvoir décrire n'importe quel domaine de données grâce à son extensibilité. Il va permettre de structurer et de poser le vocabulaire et la syntaxe des données qu'il va contenir.

En réalité les balises XML décrivent le contenu plutôt que la presentation (contrairement à HTML). **XML permet de séparer le contenu de la présentation,** ce qui permet par exemple d'afficher un même document sur des applications ou des périphériques différents sans pour autant nécessiter de créer autant de versions du document que l'on nécessite de représentations !

XML a été mis au point par le *XML Working Group* sous l'égide du *World Wide Web Consortium* (W3C) dès 1996. Depuis le 10 février 1998, les spécifications XML 1.0 ont été reconnues comme recommandations par le W3C, ce qui en fait un langage reconnu.

XML[1] est un sous-ensemble de **SGML** (*Standard Generalized Markup Language*), défini par le standard ISO8879 en 1986 et utilisé dans le milieu de la Gestion électronique documentaire (GED). XML reprend la majeure partie des fonctionnalités de SGML, il s'agit donc d'une simplification de SGML afin de le rendre utilisable sur le Web !

Les avantages de XML

Voici les principaux atouts de XML :

- La lisibilité : aucune connaissance ne doit théoriquement être nécessaire pour comprendre un contenu d'un document XML.
- Autodescriptif et extensible.
- Une structure arborescente : permettant de modéliser la majorité des problèmes informatiques.
- Universalité et portabilité : les différents jeux de caractères sont pris en compte.
- Déployable : il peut être facilement distribué par n'importe quels protocoles à même de transporter du texte, comme HTTP.
- Intégrabilité : un document XML est utilisable par toute application pourvue d'un parser (c'est-à-dire un logiciel permettant d'analyser un code XML).
- Extensibilité : un document XML doit pouvoir être utilisable dans tous les domaines d'applications.

Ainsi, XML est particulièrement adapté à l'échange de données et de documents.

Formats XML

L'intérêt de disposer d'un format commun d'échange d'information dépend du contexte professionnel dans lequel les utilisateurs interviennent. C'est pourquoi, de nombreux formats de données issus de XML apparaissent (il en existe plus d'une centaine) :

1. Tous les documents liés à la norme XML sont consultables et téléchargeables sur le site web du W3C, *http://www.w3.org/XML/*

- **OFX** (*Open Financial eXchange*) pour les échanges d'informations dans le monde financier.
- **MathML** (*Mathematical Markup Language*) qui permet de représenter des formules mathématiques.
- **CML** (*Chemical Markup Language*) qui permet de décrire des composés chimiques.
- **SMIL** (*Synchronized Multimedia Integration Language*) qui permet de créer des présentations multimédias en synchronisant diverses sources : audio, vidéo, texte...

Décodage d'un document XML

XML permet donc de définir un format d'échange selon les besoins de l'utilisateur et offre des mécanismes pour vérifier la validité du document produit. Il est donc essentiel pour le receveur d'un document XML de pouvoir extraire les données du document. Cette opération est possible à l'aide d'un outil appelé **analyseur** (*parser* parfois francisé en *parseur*).

Le parseur permet d'extraire les données d'un document XML (on parle d'*analyse* du document ou de *parsing*) et permet de vérifier (éventuellement) la validité du document.

Mise en pages XML

XML est un format de description des données et non de leur représentation (comme c'est le cas avec HTML). La **mise en pages** des données est assurée par un langage de mise en pages tiers. Il existe plusieurs solutions pour mettre en forme un document XML parmi lesquelles :

- **CSS** (*Cascading StyleSheet*) : la solution la plus utilisée actuellement, étant donné qu'il s'agit d'un standard qui a déjà fait ses preuves avec HTML.
- **XSL** (*eXtensible StyleSheet Language*) : un langage de feuilles de styles extensible développé spécialement pour XML. Toutefois, ce nouveau langage n'est pas reconnu pour l'instant comme un standard officiel.
- **XSLT** (*eXtensible StyleSheet Language Transformation*) : il s'agit d'une recommandation W3C du 16 novembre 1999,

permettant de transformer un document XML en document HTML accompagné de feuilles de styles.

Structure d'un document XML

Un document XML est structuré en trois parties :

- **Prologue** – La première partie, appelée *prologue* permet d'indiquer la version de la norme XML utilisée pour créer le document (cette indication est obligatoire) ainsi que le jeu de caractères (*encoding*) utilisé dans le document (attribut facultatif, ici on spécifie qu'il s'agit du jeu ISO-8859-1, jeu LATIN, pour permettre de prendre en compte les accents français). Ainsi le prologue est une ligne du type :

```
<?xml version="1.0" encoding="ISO-8859-1"?>
```

  Le prologue se poursuit avec des informations facultatives sur des instructions de traitement à destination d'applications particulières. Leur syntaxe est la suivante :

```
<?instruction de traitement?>
```

- **Déclaration de type de document** – Le second élément est une déclaration de type de document (à l'aide d'un fichier annexe appelé DTD, *Document Type Definition*).
- **Arbre des éléments** – Enfin, la dernière composante d'un fichier XML est l'arbre des éléments, c'est-à-dire un ensemble de balises imbriquées, comme dans l'exemple suivant :

```
<annuaire>
       <personne class = "etudiant">
              <nom>Pillou</nom>
              <prenom>Jean-Francois</prenom>
              <telephone>555-123456</telephone>
            <email>webmaster@commentcamarche.net</email>
       </personne>
       <personne>
              ...
       </personne>
</annuaire>
```

- Enfin il est possible d'ajouter des **commentaires** dans le document XML de la manière suivante :

```
<!-- Voici des commentaires XML -->
```

❑ Syntaxe des éléments en XML

L'**arbre des éléments**, c'est-à-dire le véritable contenu du document XML, est constitué d'une hiérarchie de balises comportant éventuellement des attributs, c'est-à-dire une paire clé valeur écrit sous la forme `cle="Valeur"`.

Toute donnée est ainsi encapsulée entre une balise ouvrante *<balise>* et une balise fermante *</balise>* (une donnée peut éventuellement être un ensemble d'éléments XML). Un élément vide est uniquement constitué d'une balise spécifique dont la syntaxe est la suivante : *<balise/>*.

Il est **interdit** en XML de faire chevaucher des balises, c'est-à-dire d'avoir une succession de balises du type :

```
<balise1>
       <balise2>
</balise1>
       </balise2>
```

Il est **possible** entre les balises (donc pas à l'intérieur d'une balise) d'ajouter : des espaces, des tabulations et des retours chariots. Cela est très utile pour définir une indentation des balises (ce qui est possible puisqu'elles ne se chevauchent pas).

```
<annuaire>
   <personne class="etudiant">
     <nom>Pillou</nom>
     <prenom>Jean-Francois</prenom>
     <telephone>555-123456</telephone>
     <email>webmaster@commentcamarche.net</email>
  </personne>
</annuaire>
```

Déclaration de type de document (DTD)

XML permet d'utiliser un fichier afin de vérifier qu'un document XML est conforme à une syntaxe donnée. La norme XML définit ainsi une définition de document type appelée **DTD** (*Document Type Definition*), c'est-à-dire une grammaire permettant de vérifier la conformité du document XML. La norme XML n'impose pas l'utilisation d'une DTD pour un document XML, mais elle impose par contre le respect exact des règles de base de la norme XML. Ainsi on parlera de :

- **Document valide** pour un document XML comportant une DTD.
- **Document bien formé** pour un document XML ne comportant pas de DTD mais répondant aux règles de base du XML.

Une DTD peut être définie de deux façons :

- sous **forme interne**, c'est-à-dire en incluant la grammaire au sein même du document ;
- sous **forme externe**, soit en appelant un fichier contenant la grammaire à partir d'un fichier local ou bien en y accédant par son URL.

Déclarer un élément

Pour pouvoir créer un document XML il est utile dans un premier temps de **définir les éléments** pouvant être utilisés, ou plus exactement les informations que l'on désire utiliser. Ainsi pour définir un élément on utilisera la syntaxe suivante :

```
<! ELEMENT Nom Modèle >
```

Le paramètre `Modèle` représente soit un type de données prédéfini, soit une règle d'utilisation de l'élément.

Type prédéfini	Description
ANY	L'élément peut contenir tout type de données
EMPTY	L'élément ne contient pas de données spécifiques
#PCDATA	L'élément doit contenir une chaîne de caractères

Exemple

Ainsi un élément nommé `Nom` contenant un type `#PCDATA` sera déclaré de la façon suivante dans la DTD :

```
<! ELEMENT Nom (#PCDATA) >
```

Le mot-clé #PCDATA doit nécessairement être écrit entre parenthèses, au risque sinon d'obtenir une erreur du parseur !
Cet élément pourra être écrit de la façon suivante dans le document XML :

```
<Nom>Pillou</Nom>
```

Il est possible de définir des **règles d'utilisation**, c'est-à-dire les éléments XML qu'un élément peut ou doit contenir. Cette syntaxe se fait à l'aide de notations spécifiques dont le tableau suivant présente un récapitulatif.

Opérateur	Signification	Exemple
+	L'élément doit être présent au minimum une fois	A+
*	L'élément peut être présent plusieurs fois (ou aucune)	A*
?	L'élément peut être optionnellement présent	A?
|	L'élément A ou l'élément B peuvent être présents	A|B
,	L'élément A doit être présent et suivi de l'élément B	A,B
()	Les parenthèses permettent de regrouper des éléments afin de leur appliquer les autres opérateurs	(A,B)+

Exemple

On peut créer la déclaration suivante dans la DTD :

```
<!ELEMENT personne (nom,prenom,telephone),email? >
<!ELEMENT nom (#PCDATA) >
<!ELEMENT prenom (#PCDATA) >
<!ELEMENT telephone (#PCDATA) >
<!ELEMENT email (#PCDATA) >
```

Cette déclaration pourra donc donner un document XML du style :

```
<personne>
        <nom>Pillou</nom>
        <prenom>Jean-Francois</prenom>
        <telephone>555-123456</telephone>
```

```
        <email>webmaster@commentcamarche.net</email>
</personne>
```

ou bien un document XML comme suit :

```
<personne>
        <nom>Pillou</nom>
        <prenom>Jeff</prenom>
        <telephone>555-542136</telephone>
</personne>
```

Déclarer des attributs

Il est possible d'ajouter des propriétés à un élément particulier en lui affectant un **attribut**, c'est-à-dire une paire clé/valeur. Ainsi avec XML la syntaxe pour définir un attribut est la suivante :

```
<! ATTLIST Element Attribut Type >
```

`Type` représente le type de données de l'attribut, il en existe trois :

- **littéral** : cela permet d'affecter une chaîne de caractères à un attribut. Pour déclarer un tel type il faut utiliser le mot-clé `CDATA`
- **l'énumération** : cela permet de définir une liste de valeurs possibles pour un attribut donné, afin de limiter le choix de l'utilisateur. La syntaxe de ce type d'attribut est :

  ```
  <! ATTLIST Element Attribut (Valeur1 | Valeur2 | ... ) >
  ```

  Pour définir une valeur par défaut il suffit de faire suivre l'énumération par la valeur désirée entre guillemets :

  ```
  <! ATTLIST Element Attribut (Valeur1 | Valeur2 ) "valeur
  par défaut" >
  ```

- **atomique** : cela permet de définir un identifiant unique pour chaque élément grâce au mot-clé `ID`.

Enfin chacun de ces types d'attributs peut être suivi d'un mot-clé particulier permettant de spécifier le niveau de nécessité de l'attribut :

- `#IMPLIED` signifie que l'attribut est optionnel, c'est-à-dire non obligatoire.
- `#REQUIRED` signifie que l'attribut est obligatoire.

- `#FIXED` signifie que l'attribut sera affecté d'une valeur par défaut s'il n'est pas défini. Il doit être immédiatement suivi de la valeur entre guillemets.

Exemple

Déclaration d'attribut :

```
<! ATTLIST disque IDdisk ID #REQUIRED type(K7|Mini-
Disc|Vinyl|CD)"CD" >
```

On affecte à l'élément disque deux attributs `IDdisk` et `type`. Le premier attribut est de type atomique, il s'agit d'un identifiant unique obligatoire. L'élément `type` peut être soit `K7`, `MiniDisc`, `Vinyl` ou `CD`, sachant que ce dernier sera affecté par défaut...

Déclarer des entités

XML permet de créer des **entités**, c'est-à-dire de déclarer un groupe d'éléments sous un nom afin de ne pas avoir à réécrire ces derniers plusieurs fois dans la DTD s'ils se répètent (dans le même esprit que les macros dans les éditeurs de texte...). L'utilisation d'entités dans un document XML permet : une meilleure lisibilité, un contrôle accru sur le contenu et une plus grande facilité de mise à jour.

On distingue plusieurs types d'entités dans XML : les entités générales, les entités paramètres et les entités caractères.

❑ Entités générales

Les **entités générales** permettent de définir des éléments pouvant être substitués dans le corps du document XML (bien qu'ils soient définis au sein de la DTD et non du document XML lui-même). La syntaxe d'une entité générale est la suivante :

```
<!ENTITY nom_de_l_entite "Contenu de l'entite">
```

Exemple

Il est possible de déclarer l'entité générale suivante dans la DTD :

```
<!ENTITY site "commentcamarche.net">
```

Les entités définies dans la DTD peuvent ainsi être utilisées dans le code XML en les appelant avec la syntaxe suivante :

```
&nom_de_l_entite;
```

La déclaration précédente pourra donc donner un document XML du style :

```
<personne>
        <nom>Pillou</nom>
        <prenom>Jean-Francois</prenom>
        <site>&site;</site>
        <email>webmaster@&site;</email>
</personne>
```

Le parseur transformera automatiquement chacune des entités contenues dans le code XML, en chaînes de caractères :

```
<personne>
        <nom>Pillou</nom>
        <prenom>Jean-Francois</prenom>
        <site>commentcamarche.net</site>
        <email>webmaster@commentcamarche.net</email>
</personne>
```

Les entités générales peuvent aussi être contenues dans un fichier extérieur (afin d'être utilisé par plusieurs DTD par exemple), on parle alors d'**entité externe**. La syntaxe d'une entité externe est la suivante :

```
<!ENTITY nom_de_l_entite SYSTEM "nom_du_fichier">
```

Exemple

Le contenu du fichier `ccm.txt` (situé dans le même répertoire que la DTD) sera inséré dans le fichier XML à chaque fois que l'entité `&ccm;` sera rencontrée :

```
<!ENTITY ccm SYSTEM "ccm.txt">
```

❑ Entités paramètres

Les **entités paramètres** permettent d'utiliser des entités dans les DTD elles-mêmes. La syntaxe de la déclaration d'une entité paramètre est la suivante :

```
<!ENTITY % nom_de_l_entite definition>
```

Le nom de l'entité doit toutefois suivre certaines règles :

- Commencer par une lettre ou un *underscore* (_)
- Être composé uniquement de lettres, de chiffres, de tirets (-), d'underscore (_),de points (.) ou du caractère « deux points » (:)

Exemple

Déclaration d'entité paramètre :

```
<!ENTITY % ccm #REQUIRED type(K7|MiniDisc|Vinyl|CD) "CD">
```

Il est également possible (comme pour les entités générales) de définir une entité paramètre **externe** grâce à la syntaxe suivante :

```
<!ENTITY % nom_de_l_entite SYSTEM "fichier.dtd">
```

Exemple

La DTD *fichier.dtd* sera un fichier comportant la déclaration d'entité paramètre :

```
<!ENTITY % nom_de_l_entite "definition">
```

❑ Entités caractères

Les **entités caractères** sont des caractères réservés du XML représentés sous forme d'entités générales afin de pouvoir insérer ces caractères réservés dans le document XML.

Entité caractère	Représentation
&	&
<	<
>	>
'	'
"	"

Il est également possible de définir des entités caractères pour n'importe quel caractère en utilisant le code hexadécimal du caractère :

```
<!ENTITY nom_de_l_entite "&#xCODEHEXA;">
```

Exemple

```
<!ENTITY ccedille "&#x00E7;">
```

Espaces de noms

XML étant par nature un **métalangage**, il permet de définir des langages utilisant des balises. Or, dans la mesure où deux langages peuvent choisir des mêmes balises avec une signification différente, XML introduit la notion d'**espace de noms** qui offre la possibilité d'utiliser des balises provenant de différents langages à balise au sein d'un même document.

La définition d'un espace de noms permet d'associer toutes les balises d'un langage à un groupe afin d'être capable de mêler différents langages à balise dans un même document XML (être capable de dissocier les éléments de HTML contenus dans le document des balises XML, ou mieux : pouvoir mettre du HTML, MathML, et CML dans un même document).

Fondamentalement, il n'y a pas de risques que des balises XML interfèrent avec des balises HTML car ces deux langages ont été mis au point par le même organisme (W3C).

XSL

XML est un langage de structuration des données, et non de représentation des données. Ainsi **XSL** (*eXtensible StyleSheet Language*) est un langage recommandé par le W3C pour effectuer la représentation des données de documents XML. XSL est lui-même défini avec le formalisme XML, cela signifie qu'une feuille de styles XSL est un document XML bien formé.

XSL est un langage permettant de définir des feuilles de styles pour les documents XML au même titre que les CSS (*Cascading StyleSheets*) pour le langage HTML ou bien DSSSL (*Document Style Semantics and Specification Language*) pour le SGML. XSL est d'ailleurs inspiré de **DSSSL** dont il reprend beaucoup de fonctionnalités et est compatible avec les CSS (il s'agit d'un sur-ensemble des CSS).

Toutefois, contrairement aux CSS, XSL permet aussi de retraiter un document XML afin d'en modifier totalement sa structure, ce qui permet à partir d'un document XML d'être capable de générer d'autres types de documents (PostScript, HTML, Tex, RTF...) ou bien un fichier XML de structure différente.

Ainsi la structuration des données (définie par XML) et leur représentation (définie par un langage tel que XSL) sont séparées. Cela signifie qu'il est possible à partir d'un document XML de créer des documents utilisant différentes représentations (HTML pour créer des pages web, WML pour les mobiles WAP...).

XSLT et XSL/FO

XSL possède deux composantes, XSLT et XSL/FO.

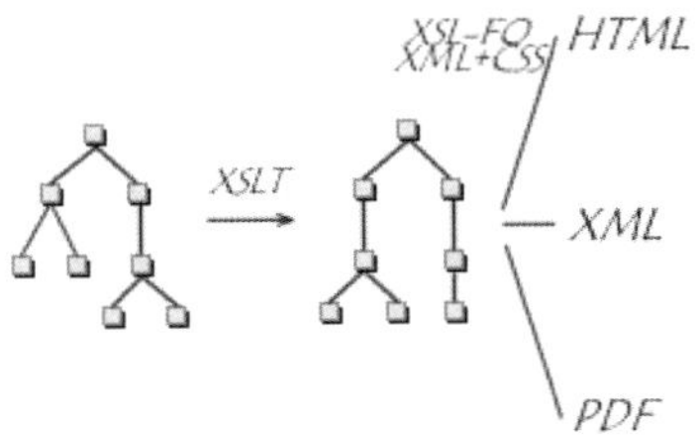

❑ XSLT

Le langage de transformation des données, **XSLT**, (*eXtensible Stylesheet Transformation*), permet de transformer la structure des éléments XML.

Un document XML peut être représenté comme une structure arborescente. Ainsi XSLT permet de transformer les documents XML à l'aide de feuilles de styles contenant des règles appelées **template rules** (*règles de gabarit*).

Le processeur XSLT (composant logiciel chargé de la transformation) crée une structure logique arborescente, on parle d'**arbre source,** à partir du document XML et lui fait subir des transformations selon les *template rules* contenues dans la feuille XSL pour produire un **arbre résultat** représentant, par exemple, la structure d'un document HTML. Les composants de l'arbre résultat sont appelés **objets de flux**.

Chaque *template rule* définit des traitements à effectuer sur un élément (nœud ou feuille) de l'arbre source. On appelle **patterns** (*motifs* parfois *éléments cibles*) les éléments de l'arbre source.

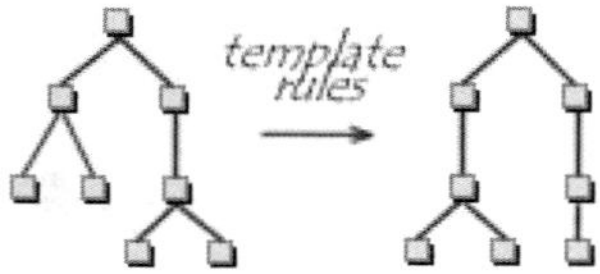

L'arbre source peut être entièrement remodelé, filtré et de nouvelles branches peuvent éventuellement lui être ajoutées, si bien que l'arbre résultat peut être radicalement différent de l'arbre source.

❑ XSL/FO

Le langage de formatage des données, **XSL/FO,** est un langage permettant de définir la mise en pages (affichage de texte ou de graphiques) de ce qui a été créé par XSLT.

Une fois l'arbre source créé, XSL/FO permet de formater le résultat, c'est-à-dire d'interpréter l'arbre résultat, ou plus exactement les objets de flux le composant en leur appliquant des **objets de mise en forme** afin d'en faire une représentation visuelle (papier, écran...).

Structure d'un document XSL

Un document XSL étant un document XML, il commence obligatoirement par la balise suivante :

```
<?xml version="1.0" encoding="ISO-8859-1"?>
```

D'autre part, toute feuille de styles XSL est comprise entre les balises `<xsl:stylesheet ...>` et `</xsl:stylesheet>`.

La balise `xsl:stylesheet` encapsule des balises `xsl:template` définissant les transformations à faire subir à certains éléments du document XML :

```
<?xml version="1.0" encoding="ISO-8859-1"?>
```

```
<xsl:stylesheet
xmlns:xsl="http://www.w3.org/TR/WD-xsl"
xmlns="http://www.w3.org/TR/REC-html40"
result-ns="">

       <xsl:template ... >
             <!-- traitements à effectuer -->
       </xsl:template >
</xsl:stylesheet>
```

Association d'une feuille XSL à un document XML

Une feuille de style XSL (enregistré dans un fichier dont l'extension est .xsl) peut être liée à un document XML (de telle manière à ce que le document XML utilise la feuille XSL) en insérant la balise suivante au début du document XML :

```
<?xml version="1.0" encoding="ISO-8859-1"?>
<?xml-stylesheet href="fichier.xsl" type="text/xsl"?>
```

Template rules (règles de gabarit)

Les **template rules** sont des balises XSL permettant de définir des opérations à réaliser sur certains éléments du document XML utilisant la page XSL, c'est-à-dire généralement de transformer une balise XML en au moins une balise HTML (généralement plusieurs).

Prenons les balises XML suivantes :

```
<personne>
       <nom>Pillou</nom>
       <prenom>Jean-François</prenom>
</personne>

<personne>
       <nom>VanHaute</nom>
       <prenom>Nico</prenom>
</personne>

<personne>
       <nom>Andrieu</nom>
       <prenom>Seb</prenom>
</personne>
```

Celles-ci pourront être transformées en code HTML comme suit :

```
<ul>
<li>Pillou - Jean-François</li>
<li>VanHaute - Nico</li>
<li>Andrieu - Seb</li>
</ul>
```

L'attribut **`match`** de la balise `<xsl:template>` permet de définir (grâce à la notation XPath) le ou les éléments du document XML sur lesquels s'applique la transformation.

La notation **Xpath** permet de définir des **patterns**, c'est-à-dire des chaînes de caractères permettant de repérer un nœud dans le document XML. Les principaux *patterns* sont décrit dans le tableau suivant.

Pattern	Exemple	Signification
|	**Gauche|Milieu**	Indique une alternative (un nœud ou bien l'autre (ou les deux)).
/	**personne/nom**	Chemin d'accès aux éléments (*personne/bras/gauche*) au même titre que l'arborescence utilisée généralement pour les fichiers (*/usr/bin/toto*).
*	*****	Motif « joker » désignant n'importe quel élément.
//	**//personne**	Indique tous les descendants d'un nœud.
.	**.**	Caractérise le nœud courant.
..	**..**	Désigne le nœud parent.
@	**@valeur**	Indique un attribut caractéristique (dans l'exemple l'attribut `value`).

La transformation peut être réalisée :

- soit par ajout de texte,
- soit en définissant des **éléments de transformation**, c'est-à-dire des éléments permettant de définir des règles de transformation à appliquer aux éléments sélectionnés par l'attribut `match`

Exemple

Feuille XSL permettant d'effectuer la transformation XML vers HTML décrite précédemment :

```
<?xml version="1.0" encoding="ISO-8859-1"?>

<xsl:stylesheet
xmlns:xsl="http://www.w3.org/TR/WD-xsl"
xmlns="http://www.w3.org/TR/REC-html40"
result-ns="">

        <xsl:template match="/">
        <HTML>
        <HEAD>
          <TITLE>Titre de la page</TITLE>
        </HEAD>

        <BODY BGCOLOR="#FFFFFF">
                <xsl:apply-templates/>
              </BODY>
              </HTML>
        </xsl:template >

        <xsl:template match="personne" >
              <ul>
                     <li>
                        <xsl:value-of select="nom"/>
                        -
                        <xsl:value-of select="prenom"/>
                     </li>
              </ul>
        </xsl:template >
</xsl:stylesheet>
```

Voici la signification de cette feuille XSL :

– Le premier tag (*balise*) `<xsl:template>` permet d'appliquer une transformation à l'ensemble du document (la valeur « / » de l'attribut match indique l'élément racine du document XML). Ce tag contient des balises HTML qui seront transmises dans l'arbre résultat.

– L'élément `<xsl:apply-templates/>` indique le traitement de tous les enfants directs de la racine.

– La balise `<xsl:template match="personne">` permet d'aller traiter les éléments de type `personne`.

– Enfin les deux éléments <xsl:value-of select="nom"/> et <xsl:value-of select="prenom"/> permettent de récupérer les valeurs des balises nom et prenom.

Éléments de transformation

Les **éléments de transformations** permettent de sélectionner et d'effectuer des opérations sur les éléments du document XML. Leur syntaxe est la suivante :

```
<xsl:nom [attributs]/>
```

Remarquez la présence du / indiquant que la balise ne possède pas de balise fermante.

Voici une petite liste des éléments de transformation :

Élément	Utilité
xsl:apply-imports	Importe une feuille de style importée.
xsl:apply-templates	Indique au processeur XSL de traiter les éléments enfants directs en leur appliquant les template rules définies dans la feuille XSL. L'attribut *select* permet de spécifier certains éléments enfants auxquels la transformation doit être appliquée.
xsl:attribute-set	Permet de créer un attribut à associer à un élément.
xsl:attribute-set	Permet de nommer une liste d'attributs pouvant être appliqués à un élément particulier.
xsl:template	Permet de charger un canevas (*template*) grâce à son nom.
xsl:choose	Structure conditionnelle de type case (utilisé en combinaison avec xsl:when et/ou xsl:otherwise
xsl:comment	Crée un commentaire dans l'arbre résultat.
xsl:copy	Copie le nœud courant dans l'arbre résultat.
xsl:copy-of	Copie le nœud sélectionné par le modèle dans l'arbre résultat.
xsl:decimal-format	Déclare un format de nombre décimal.
xsl:element	Permet de créer un élément avec le nom spécifié.

Élément	Utilité
xsl:for-each	Permet d'appliquer un canevas à chaque nœud correspondant au modèle.
xsl:if	Permet d'effectuer un test conditionnel sur le modèle indiqué.

❑ xsl:apply-templates

L'élément **apply-templates** utilisé au sein de la balise `<xsl:template/>` permet d'appliquer la règle de transformation contenu dans la balise `template`. Soit le document XML suivant :

```
<voiture>

<marque>Volkswagen</marque>
<immatriculation>9999 ZZ 99</immatriculation>
<modele>Golf Match</modele>
<couleur>Bleu clair</couleur>

</voiture>
```

et la feuille XSL associée :

```
<?xml version="1.0" encoding="ISO-8859-1"?>

<xsl:stylesheet
xmlns:xsl="http://www.w3.org/TR/WD-xsl"
xmlns="http://www.w3.org/TR/REC-html40"
result-ns="">
        <xsl:template match="voiture">
        <Auto>
                <xsl:apply-templates/>
        </Auto>
        </xsl:template>

</xsl:stylesheet>
```

Cette feuille de style donnera le résultat suivant :

```
<Auto></Auto>
```

L'élément *apply-templates* permet donc uniquement d'appliquer les modifications l'entourant, sans insérer de contenu supplémentaire.

❑ xsl:value-of

Pour insérer le contenu des éléments sélectionnés par la règle de gabarit (*template rule*), il suffit d'utiliser l'élément value-of, qui permet d'insérer le contenu de la balise sélectionnée.

En reprenant le même document XML que celui présent précédemment, il est possible de définir la feuille de style XSL suivante :

```
<xsl:template match="voiture">

<table border="1">
<tr><th>Voiture</th></tr>
<tr><xsl:apply-templates/></tr>
</table>
</xsl:template>
<xsl:template match="marque">
<td><xsl:value-of/></td>
</xsl:template>
<xsl:template match="immatriculation">
<td><xsl:value-of/></td>

</xsl:template>
```

Cette feuille de styles donnera le résultat suivant :

```
<table border="1">

<tr><th>Voiture</th></tr>
<td>Volkswagen</td>
<td>9999 ZZ 99</td>

</table>
```

❑ xsl:apply-imports

L'élément **apply-imports** utilisé au sein de la balise <xsl:template/> permet d'appliquer les règles de transformation importées dans la feuille XSL par l'intermédiaire de la balise <?xsl:import?>.

Par exemple, dans la feuille XSL suivante, la feuille import.xsl est importée grâce à l'élément <?xsl:import?> :

```
<?xml version="1.0" encoding="ISO-8859-1"?>

<xsl:stylesheet
```

```
xmlns:xsl="http://www.w3.org/TR/WD-xsl"
xmlns="http://www.w3.org/TR/REC-html40"
result-ns="">
        <xsl:import href="import.xsl"/>
        <xsl:template match="voiture">
        <Effet>
                <xsl:apply-imports/>
        </Effet>
        </xsl:template>
</xsl:stylesheet>
```

Voici la feuille de styles importée :

```
<?xml version="1.0" encoding="ISO-8859-1"?>
<xsl:stylesheet
xmlns:xsl="http://www.w3.org/TR/WD-xsl"
xmlns="http://www.w3.org/TR/REC-html40"
result-ns="">
        <xsl:template match="voiture">
        <EffetImporte>
                <xsl:apply-imports/>
        </EffetImporte>
        </xsl:template>
</xsl:stylesheet>
```

❑ xsl:for-each

Les règles de gabarit permettent grâce à l'élément `<xsl:template>` de sélectionner les éléments sur lesquels on désire effectuer une transformation. Grâce à l'élément `<xsl:for-each>`, il est possible de sélectionner des éléments enfants et de leur appliquer une règle de transformation.

La sélection des éléments enfant se fait à l'aide de l'attribut `select` de la balise `<xsl:for-each>`, utilisant les patterns XSL au même titre que l'élément `<xsl:template>`.

```
<xsl:template match="">
        <EffetImporte>
                <xsl:apply-imports/>
        </EffetImporte>
        </xsl:template>
</xsl:stylesheet>
```

Parser du XML

XML permet de définir la structure du document uniquement, ce qui permet d'une part de pouvoir définir séparément la présentation de ce document, d'autre part d'être capable de récupérer les données présentes dans le document pour les utiliser.

Toutefois la récupération des données encapsulées dans le document nécessite un outil appelé **analyseur syntaxique** (*parser*), permettant de parcourir le document et d'en extraire les informations qu'il contient.

L'**analyseur syntaxique** (généralement francisé en *parseur*) est un outil logiciel permettant de parcourir un document et d'en extraire des informations. Dans le cas de XML (on parle alors de *parseur XML*), l'analyseur permet de créer une structure hiérarchique contenant les données contenues dans le document XML. La plupart des langages de programmation proposent des fonctions (regroupées au sein d'une API) permettant de manipuler des documents XML.

On distingue deux types de parseurs XML :

- Les **parseurs validants** (*validating*) permettant de vérifier qu'un document XML est conforme à sa DTD.
- Les **parseurs non validants** (*non-validating*) se contentant de vérifier que le document XML est bien formé (c'est-à-dire respectant la syntaxe XML de base).

Les analyseurs XML sont également divisés selon l'approche qu'ils utilisent pour traiter le document. On distingue actuellement deux types d'approches :

- Les API utilisant une approche **hiérarchique** : les analyseurs utilisant cette technique construisent une structure hiérarchique contenant des objets représentant les éléments du document, et dont les méthodes permettent d'accéder aux propriétés. La principale API utilisant cette approche est **DOM** (*Document Object Model*).
- Les API basés sur un mode **événementiel** permettent de réagir à des événements (comme le début d'un élément, la fin d'un élément) et de renvoyer le résultat à l'application utilisant cette API. **SAX** (*Simple API for XML*) est la principale interface utilisant l'aspect événementiel.

DOM

DOM (*Document Object Model*, traduisez *modèle objet de document*) est une spécification du W3C définissant la structure d'un document sous forme d'une hiérarchie d'objets, afin de simplifier l'accès aux éléments constitutifs du document.

Plus exactement DOM est un langage normalisé d'interface (API), indépendant de toute plate-forme et de tout langage, permettant à une application de parcourir la structure du document et d'agir dynamiquement sur celui-ci.

Ainsi JavaScript et ECMAScript utilisent DOM pour naviguer au sein du document HTML, ce qui leur permet par exemple de pouvoir récupérer le contenu d'un formulaire, le modifier...

DOM se divise en deux spécifications :

- La spécification **DOM level 1** (*DOM niveau 1*) se séparant en deux catégories :
  • *Core DOM level 1*: la spécification pour les documents en général (dont XML).
  • *HTML DOM level 1*: la spécification retenant uniquement les méthodes applicables à HTML.
- La spécification **DOM level 2** ajoutant de nouvelles fonctionnalités comme la prise en compte des feuilles de styles CSS dans la hiérarchie d'objets.

SAX

SAX est une API basée sur un modèle événementiel, cela signifie que SAX permet de déclencher des événements au cours de l'analyse du document XML.

Une application utilisant SAX implémente généralement des gestionnaires d'événements, lui permettant d'effectuer des opérations selon le type d'élément rencontré.

Exemple

Soit le document XML suivant :

```
<personne>
<nom>Pillou</nom>
<prenom>Jean-François</prenom>
</personne>
```

Une interface événementielle telle que l'API SAX permet de créer des événements à partir de la lecture du document précédent. Les événements générés seront :

```
start document
start element: personne
start element: nom
characters: Pillou
end element: nom
start element: prenom
characters: Jean-François
end element: prenom
end element: personne
end document
```

Ainsi, une application basée sur SAX peut gérer uniquement les éléments dont elle a besoin sans avoir à construire en mémoire une structure contenant l'intégralité du document.

L'API SAX définit les quatre interfaces suivantes :

- **DocumentHandler** possédant des méthodes renvoyant ces événements relatifs au document :

  • *startDocument()* renvoyant un événement lié à l'ouverture du document.

  • *startElement()* renvoyant un événement lié à la rencontre d'un nouvel élément.

  • *characters()* renvoyant les caractères rencontrés.

  • *endElement()* renvoyant un événement lié à la fin d'un élément.

  • *endDocument()* renvoyant un événement lié à la fermeture du document.
- **ErrorHandler** possédant des méthodes renvoyant des événements relatifs aux erreurs ou aux avertissements.
- **DTDHandler** renvoie des événements relatifs à la lecture de la DTD du document XML.
- **EntityResolver** permet de renvoyer une URL lorsqu'une URI est rencontrée.

À savoir

Les analyseurs utilisant l'interface **DOM** souffrent du fait que cette API impose de construire un arbre en mémoire contenant l'intégralité des éléments du document en mémoire quelle que soit l'application. Ainsi pour de gros documents (dont la taille est proche de la quantité de mémoire présente sur la machine) DOM devient insuffisant. De plus, cela rend l'utilisation de DOM lente, c'est la raison pour laquelle la norme DOM est généralement peu respectée car chaque éditeur l'implémente selon ses besoins, ce qui provoque l'apparition de nombreux parseurs utilisant des interfaces propriétaires...

Ainsi de plus en plus d'applications se tournent vers des API événementielles telles que **SAX**, permettant de traiter uniquement ce qui est nécessaire.

Génie logiciel

Le terme **génie logiciel** (*software engineering*) désigne l'ensemble des méthodes, des techniques et outils concourant à la production d'un logiciel, au-delà de la seule activité de programmation.

Le choix du terme « génie » fait directement référence à celui du génie civil, désignant l'art de la construction. En effet, pour construire un ouvrage architectural, le seul fait de poser brique et ciment ne suffit pas.

La construction d'un bâtiment est un tout, comprenant des activités de conception architecturale, de maçonnerie, de plomberie et d'électricité devant être coordonnées afin d'obtenir une maîtrise des délais et des budgets.

Le génie logiciel comporte donc des aspects de **gestion de projet** afin de produire un logiciel dans les délais prévus, avec un budget maîtrisé et donnant satisfaction au client (notion de qualité).

Un **atelier de génie logiciel** (AGL ou *CASE*, pour *Computer Aided Software Environment*) est un ensemble d'outils logiciels structurés au sein d'une même interface permettant la conception, le développement et le débogage de logiciels.

Un AGL comprend ainsi des outils permettant de modéliser visuellement une application, à produire du code avec des assistants visuels et éventuellement un débogueur permettant de tester le code produit.

Cycle de vie d'un logiciel

Le **cycle de vie d'un logiciel** (*software lifecycle*), désigne toutes les étapes du développement d'un logiciel, de sa conception à sa disparition.

L'objectif d'un tel découpage est de permettre de définir des jalons intermédiaires permettant la **validation** du développement logiciel, c'est-à-dire lla conformité du logiciel avec les besoins exprimés et la **vérification** du processus de développement, c'est-à-dire l'adéquation des méthodes mises en œuvre.

L'origine de ce découpage provient du constat que les erreurs ont un coût d'autant plus élevé qu'elles sont détectées tardivement dans le processus de réalisation. Le cycle de vie permet de détecter les erreurs au plus tôt et ainsi de maîtriser la qualité du logiciel, les délais de sa réalisation et les coûts associés.

Le cycle de vie du logiciel comprend généralement *a minima* les activités suivantes :

- **Définition des objectifs**, consistant à définir la finalité du projet et son inscription dans une stratégie globale.
- **Analyse des besoins et faisabilité**, c'est-à-dire l'expression, le recueil et la formalisation des besoins du demandeur (le client) et de l'ensemble des contraintes.
- **Conception générale**, il s'agit de l'élaboration des spécifications de l'architecture générale du logiciel.
- **Conception détaillée**, consistant à définir précisément chaque sous-ensemble du logiciel.
- **Codage** (implémentation ou programmation), soit la traduction dans un langage de programmation des fonctionnalités définies lors de phases de conception.
- **Tests unitaires**, permettant de vérifier individuellement que chaque sous-ensemble du logiciel est implémenté conformément aux spécifications.
- **Intégration**, dont l'objectif est de s'assurer de l'interfaçage des différents éléments (modules) du logiciel. Elle fait l'objet de *tests d'intégration* consignés dans un document.
- **Qualification** (*recette*), c'est-à-dire la vérification de la conformité du logiciel aux spécifications initiales.

- **Documentation**, visant à produire les informations nécessaires pour l'utilisation du logiciel et pour des développements ultérieurs.
- **Mise en production**.
- **Maintenance**, comprenant toutes les actions correctives (maintenance corrective) et évolutives (maintenance évolutive) sur le logiciel.

La séquence et la présence de chacune de ces activités dans le cycle de vie dépendent du choix d'un modèle de cycle de vie entre le client et l'équipe de développement.

Modèles de cycles de vie

Afin d'être en mesure d'avoir une méthodologie commune entre le client et la société de service réalisant le développement, des **modèles de cycle de vie** ont été mis au point définissant les étapes du développement ainsi que les documents à produire permettant de valider chacune des étapes avant de passer à la suivante.

Modèle en cascade

Le **modèle de cycle de vie en cascade** a été mis au point dès 1966, puis formalisé aux alentours de 1970.

Il définit des phases séquentielles à l'issue de chacune desquelles des documents sont produits pour en vérifier la conformité avant de passer à la suivante :

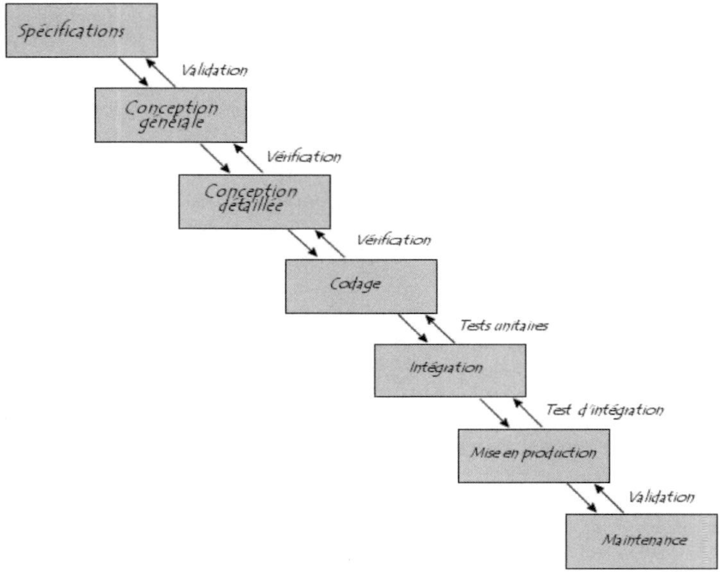

Modèle en V

Le **modèle de cycle de vie en V** part du principe que les procédures de vérification de la conformité du logiciel aux spécifications doivent être élaborées dès les phases de conception.

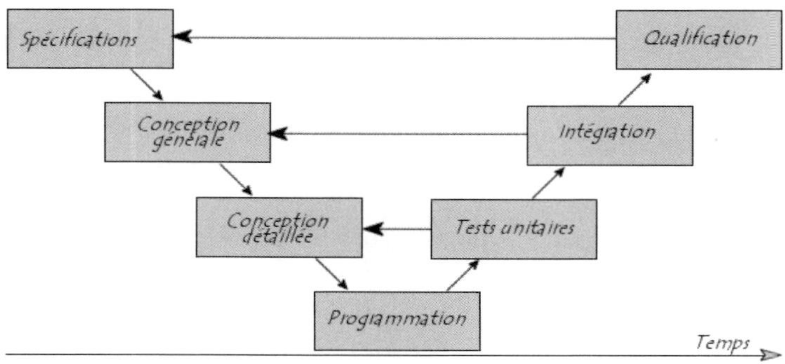

Méthodes agiles

Les méthodes de développement dites **méthodes agiles** (AG, *Agile Modeling*)[1] visent à réduire le cycle de vie du logiciel (donc à accélérer son développement) en intégrant des évaluations des utilisateurs durant tout le processus de développement. Il s'agit donc de développer une version minimale, puis d'y intégrer chaque fonctionnalité grâce à un processus itératif basé sur une écoute client et des tests.

L'origine des méthodes agiles est liée à l'instabilité de l'environnement technologique et au fait que le client est souvent dans l'incapacité de définir ses besoins de manière exhaustive dès le début du projet. Le terme « agile » fait ainsi référence à la capacité d'adaptation aux changements de contexte et aux modifications de spécifications intervenant pendant le processus de développement. En 2001, 17 personnes mirent ainsi au point le manifeste agile dont la traduction est la suivante :

- individus et interactions plutôt que processus et outils,
- développement logiciel plutôt que documentation exhaustive,
- collaboration avec le client plutôt que négociation contractuelle,
- ouverture au changement plutôt que suivi d'un plan rigide.

Grâce aux méthodes agiles, le client est pilote à part entière de son projet et obtient très vite une première mise en production de son logiciel. Par ailleurs, les méthodes agiles permettent d'associer les utilisateurs dès le début du projet afin de maximiser son appropriation.

Développement rapide d'applications (RAD)

La **méthode de développement rapide d'applications** (RAD, *Rapid Application Development*)[2], définie par James Martin au début des années 1980, consiste en un cycle de développement court basé sur trois phases (Cadrage, Design et Construction) dans un délai idéal de 90 jours et de 120 jours au maximum.

1. *http://www.agilealliance.com/* et *http://www.agilemodeling.com/*
2. *http://www.rad.fr/*

Dynamic Software Development Method (DSDM)

La **méthode DSDM** (*Dynamic Software Development Method*)[1] a été mise au point en s'appuyant sur la méthode RAD afin de combler certaines de ses lacunes, notamment en offrant un canevas prenant en compte l'ensemble du cycle de développement. Les principes fondateurs de la méthode DSDM sont les suivants :

- une implication des utilisateurs,
- un développement itératif et incrémental,
- une fréquence de livraison élevée,
- l'intégration des tests au sein de chaque étape,
- l'acceptation des produits livrés dépend directement de la satisfaction des besoins.

Unified Process (UP)

La **méthode du processus unifié** (UP, *Unified Process*) est un processus de développement itératif et incrémental, ce qui signifie que le projet est découpé en phases très courtes à l'issue de chacune desquelles une nouvelle version incrémentée est livrée.

Il s'agit d'une démarche s'appuyant sur la modélisation UML pour la description de l'architecture du logiciel (fonctionnelle, logicielle et physique) et la mise au point de cas d'utilisation permettant de décrire les besoins et exigences des utilisateurs.

Rational Unified Process (RUP)

La **méthode RUP** (*Rational Unified Process*) est une méthode de développement par itérations promue par la société *Rational Software*, rachetée par IBM. RUP propose une méthode spécifiant notamment la composition des équipes et le calendrier ainsi qu'un certain nombre de modèles de documents.

eXtreme Programming (XP)

La méthode **XP** (*eXtreme Programming*)[2] définit un certain nombre de bonnes pratiques permettant de développer un logiciel

---

1. *http://www.dsdm.org/*
2. *http://www.extremeprogramming.org/*

dans des conditions optimales en plaçant le client au cœur du processus de développement, en relation étroite avec le client. L'*eXtreme Programming* est notamment basé sur les concepts suivants :

- Les équipes de développement travaillent directement avec le client sur des cycles très courts d'une à deux semaines maximum.
- Les livraisons de versions du logiciel interviennent très tôt et à une fréquence élevée pour maximiser l'impact des retours utilisateurs.
- L'équipe de développement travaille en collaboration totale sur la base de binômes.
- Le code est testé et nettoyé tout au long du processus de développement.
- Des indicateurs permettent de mesure l'avancement du projet afin de permettre de mettre à jour le plan de développement.

Design Patterns

Les **Design Patterns** (*patrons de conception*, *modèles de conception* ou encore *motifs de conception*) sont un recueil de bonnes pratiques de conception pour un certain nombre de problèmes récurrents en programmation orientée objet.

Le concept de *Design Pattern* est issu des travaux d'Erich Gamma, Richard Helm, Ralph Johnson, et John Vlissides (connus sous le patronyme de « *Gang of Four* ») dans leur ouvrage *Design Patterns: Elements of Reusable Object-Oriented Software* édité en 1995 et proposant 23 motifs de conception.

Un **motif de conception** peut être vu comme un document formalisant la structure d'une classe permettant de répondre à une situation particulière. Les motifs de conception sont classifiés selon trois grandes familles :

- **Motifs de création** : Motif Abstract Factory, Motif Builder, Motif Factory Method, Motif Prototype, Motif Singleton.

- **Motifs de structuration** : Motif Adapter, Motif Bridge, Motif Composite, Motif Decorator, Motif Facade, Motif Flyweight, Motif Proxy.
- **Motifs de comportement** : Motif Chain of Responsibility, Motif Command, Motif Interpreter, Motif Iterator, Motif Mediator, Motif Memento, Motif Observer, Motif State, Motif Strategy, Motif Template Method, Motif Visitor.

Voici quelques exemples de motifs de conception :

- **Motif MVC** (Modèle-Vue-Contrôleur) : il part du principe que toute application peut être décomposée en trois couches séparées :
  - **Modèle**, c'est-à-dire les données.
  - **Vue**, c'est-à-dire la représentation des données.
  - **Contrôleur**, c'est-à-dire le traitement sur les données en vue de leur représentation.
- **Motif Proxy** définissant un objet intermédiaire ayant procuration pour effectuer de manière transparente pour l'utilisateur les appels de méthodes à un objet distant.

Frameworks

Un **framework** (traduisez *socle*) désigne un ensemble structuré constitué d'une part de bibliothèques de fonctions (API), d'autre part d'une infrastructure d'exécution.

Un *framework* permet de bénéficier de tous les éléments permettant de faire fonctionner une application et offrant aux développeurs des outils et des fonctions standard pour la majeure partie de leurs besoins.

Java Framework

Le **Java Framework** (*Java 2 Platform*) est composé de trois éditions, destinées à des usages différents :

- **J2ME** (*Java 2 Micro Edition*) est prévu pour le développement d'applications embarquées, notamment sur des assistants personnels et terminaux mobiles (téléphones de nouvelle génération par exemple).
- **J2SE** (*Java 2 Standard Edition*) est destiné au développement d'applications pour ordinateurs personnels.
- **J2EE** (*Java 2 Enterprise Edition*) est destiné à un usage professionnel avec la mise en œuvre de serveurs.

Chaque édition propose un environnement complet pour le développement et l'exécution d'applications basées sur Java et comprend notamment une **machine virtuelle Java** (JVM, *Java Virtual Machine*) ainsi qu'un ensemble de classes.

J2EE

J2EE (*Java 2 Enterprise Edition*) est une norme proposée par la société Sun, portée par un consortium de sociétés internationales, visant à définir un standard de développement d'applications d'entreprises multiniveaux, basées sur des composants.

On parle généralement de **plate-forme J2EE** pour désigner l'ensemble constitué des services (API) offerts et de l'infrastructure d'exécution. J2EE comprend notamment :

- Les spécifications du **serveur d'application**, c'est-à-dire de l'environnement d'exécution : J2EE définit finement les rôles et les interfaces pour les applications ainsi que l'environnement dans lequel elles seront exécutées. Ces recommandations permettent ainsi à des entreprises tierces de développer des serveurs d'application conformes aux spécifications ainsi définies, sans avoir à redévelopper les principaux services.
- Des services, au travers d'**API**, c'est-à-dire des extensions Java indépendantes permettant d'offrir en standard un certain nombre de fonctionnalités. Sun fournit une implémentation minimale de ces API appelée **J2EE SDK** (*J2EE Software Development Kit*).

Dans la mesure où J2EE s'appuie entièrement sur le langage Java, il bénéficie des avantages et inconvénients de ce langage, en particulier une bonne **portabilité** et une **maintenabilité du code**. De plus, l'architecture J2EE repose sur des composants distincts, interchangeables et distribués, ce qui signifie notamment :

- qu'il est simple d'en étendre l'architecture,
- qu'un système reposant sur J2EE peut posséder des mécanismes de haute-disponibilité, afin de garantir une bonne qualité de service,
- que la maintenabilité des applications est facilitée.

Les **API de J2EE** peuvent se répartir en deux grandes catégories : composants et services.

❑ Composants

On distingue habituellement deux familles de **composants** :

- Les **composants web** : servlets et JSP (*Java Server Pages*). Il s'agit de la partie chargée de l'interface avec l'utilisateur (on parle de *logique de présentation*).
- Les **composants métier** EJB (*Enterprise Java Beans*). Il s'agit de composants spécifiques chargés des traitements des données propres à un secteur d'activité (on parle de *logique métier* ou de *logique applicative*) et de l'interfaçage avec les bases de données.

❑ Services

Les **services**, pouvant être classés par catégories :

- Les **services d'infrastructures** : il en existe un grand nombre, définis ci-dessous :

  • **JDBC** (*Java DataBase Connectivity*) est une API d'accès aux bases de données relationnelles.

  • **JNDI** (*Java Naming and Directory Interface*) est une API d'accès aux services de nommage et aux annuaires d'entreprises tels que DNS, NIS, LDAP, etc.

  • **JTA/JTS** (*Java Transaction API/Java Transaction Services*) est un API définissant des interfaces standards avec un gestionnaire de transactions.

  • **JCA** (*J2EE Connector Architecture*) est une API de connexion au système d'information de l'entreprise, notamment aux systèmes dits « Legacy » tels que les ERP.

  • **JMX** (*Java Management Extension*) fournit des extensions permettant de développer des applications web de supervision d'applications.
- Les **services de communication** :

  • **JAAS** (*Java Authentication and Authorization Service*) est une API de gestion de l'authentification et des droits d'accès.

  • **JavaMail** est une API permettant l'envoi de courrier électronique.

  • **JMS** (*Java Message Service*) fournit des fonctionnalités de communication asynchrone (appelées *MOM* pour *Middleware Object Message*) entre applications.

  • **RMI-IIOP** est une API permettant la communication synchrone entre objets.

L'architecture J2EE permet ainsi de séparer la couche présentation, correspondant à l'**interface homme-machine** (IHM), la couche métier contenant l'essentiel des traitements de données en se basant dans la mesure du possible sur des API existantes, et enfin la couche de données correspondant aux informations de l'entreprise stockées dans des fichiers, dans des bases de données relationnelles ou XML, dans des annuaires d'entreprise ou encore dans des systèmes d'information complexes.

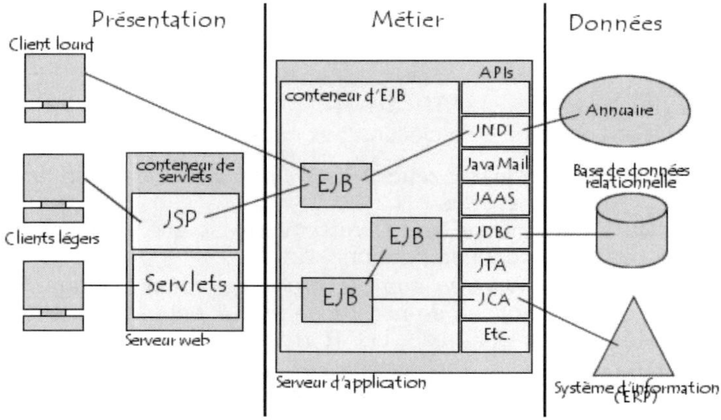

Framework .NET

.NET (prononcez « Dotnet ») est un standard proposé par la société Microsoft, pour le développement d'applications d'entreprises multiniveaux, basées sur des composants. Microsoft .NET constitue ainsi la réponse de Microsoft à la plate-forme J2EE de Sun. La plate-forme .NET a été élaborée en s'appuyant sur une communauté d'utilisateurs et a abouti à l'élaboration de spécifications. Ces spécifications ont été ratifiées par un organisme international de standardisation, l'ECMA (*European Computer Manufacturers Association*), ce qui en fait un standard. Ainsi l'effort de standardisation a permis l'émergence de plates-formes portées par des entreprises tierces et disponibles sous un grand nombre de systèmes d'exploitation.

Le **framework .NET** comprend notamment :

- L'**environnement d'exécution** :

  • Un moteur d'exécution, appelé **CLR** (*Common Language Runtime*), permettant de compiler le code source de l'application en un langage intermédiaire, baptisé **MSIL** (*Microsoft Intermediate Language*) et agissant telle la machine virtuelle Java. Lors de la première exécution de l'application, le code MSIL est à son tour compilé à la volée en code spécifique au système grâce à un compilateur JIT (*Just In Time*).

  • Un environnement d'exécution d'applications et de services web, appelé **ASP .NET**.

  • Un environnement d'exécution d'applications lourdes, appelé **WinForms**.

- Des **services**, sous forme d'un ensemble hiérarchisé de classes appelé **Framework Class Library** (FCL). La FCL est ainsi une librairie orientée objet, fournissant des fonctionnalités pour les principaux besoins actuels des développeurs. Le SDK (*Software Development Kit*) fournit une implémentation de ces classes.

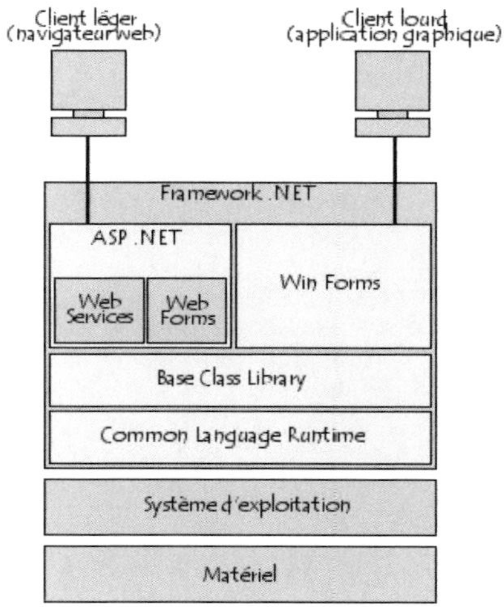

Langages

Grâce au CLR, la plate-forme .NET est indépendante de tout langage de programmation et supporte nativement un grand nombre de langages de programmation, parmi lesquels : Ada, APL, C#, C++, Cobol, Eiffel, Fortran, Haskell, ML, J#, JScript, Mercury, Oberon, Objective Caml, Oz, Pascal, Perl, Python, Scheme, SmallTalk, Visual Basic.

❑ Langage C#

Le **langage C#** a été développé spécifiquement pour la plate-forme .NET. Il s'agit d'un langage orienté objet, dérivé de C++. Il en reprend les majeures caractéristiques, tout en simplifiant son utilisation.

❑ Visual Studio .NET

Visual Studio .NET ne fait pas partie du framework .NET. Il s'agit tout simplement d'un environnement de développement intégré proposé par Microsoft pour développer des applications conformes aux spécifications de .NET.

Classes de la librairie objet

La **librairie objet** du Framework Microsoft .NET (FCL, *Framework Classes Library*) est un ensemble de classes unifié et hiérarchisé offrant un grand nombre de fonctionnalités standards. La FCL permet ainsi d'utiliser un grand nombre d'interfaces prédéfinies sans avoir à gérer de multiples librairies.

Les classes du framework .NET sont généralement présentées dans un tableau comme suit :

<table>
<tr><td colspan="2" rowspan="2">System.Web</td><td colspan="2">System.Windows.Forms</td></tr>
<tr><td>Form</td><td>Button</td></tr>
<tr><td>Services</td><td>UI</td><td>MessageBox</td><td>ListControl</td></tr>
<tr><td>Caching</td><td>Security</td><td colspan="2">System.Drawing</td></tr>
<tr><td>Configuration</td><td>SessionState</td><td>Drawing2D</td><td>Printing</td></tr>
<tr><td colspan="2"></td><td>Imaging</td><td>Text</td></tr>
<tr><td colspan="2">System.Data</td><td colspan="2">System.XML</td></tr>
<tr><td>OLEDB</td><td>SQL</td><td>XSLT</td><td rowspan="2">Serialization</td></tr>
<tr><td>Design</td><td>SQLTypes</td><td>XPath</td></tr>
<tr><td colspan="4">System</td></tr>
<tr><td>Collections</td><td>IO</td><td>Security</td><td rowspan="4">Runtime</td></tr>
<tr><td>Configuration</td><td>Net</td><td>ServiceProcess</td></tr>
<tr><td>Diagnostics</td><td>Reflection</td><td>Text</td></tr>
<tr><td>Globalization</td><td>Resources</td><td>Threading</td></tr>
</table>

Chapitre 16

Gestion des accès concurrents (CVS)

CVS (*Concurrent Versions System*) est un système de contrôle de versions client/serveur permettant à plusieurs personnes de travailler simultanément sur un même ensemble de fichiers. Les gros projets de développement (en particulier les projets Open Source) s'appuient généralement sur ce type de système afin de permettre à un grand nombre de développeurs de travailler sur un même projet.

CVS permet, comme son nom l'indique, de gérer les accès concurrents, c'est-à-dire qu'il est capable de détecter les conflits de version lorsque deux personnes travaillent simultanément sur le même fichier.

Repository

Le fonctionnement de CVS s'appuie sur une base centralisée appelée **repository**, hébergée sur un serveur, contenant l'historique de l'ensemble des versions successives de chaque fichier. Le *repository* stocke les différences entre les versions successives, les dates de mise à jour, le nom de l'auteur de la mise à jour et un commentaire éventuel, ce qui permet un réel suivi des modifications, tout en optimisant l'espace de stockage dédié au projet.

Opérations CVS

Chaque personne travaillant sur le projet possède un **répertoire de travail** (*working copy* ou *sandbox*, traduisez *bac à sable*), c'est-à-dire un répertoire contenant une copie de la base CVS (*repository*).

Checkout

À l'aide d'un client CVS, chaque utilisateur souhaitant travailler sur le projet, pour modifier des fichiers ou simplement pour voir la dernière version des fichiers dans la base, récupère une copie de travail grâce à une opération appelée **checkout**.

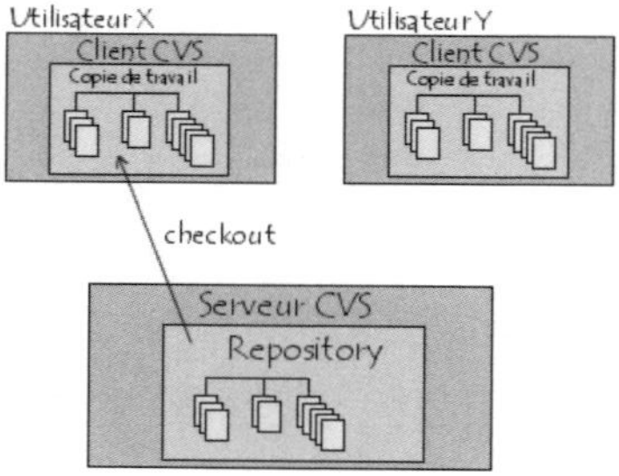

Commit

Lorsque l'utilisateur a terminé de modifier les fichiers, il peut transmettre les modifications à la base. Cette opération est appelée **commit**. Ainsi plusieurs développeurs peuvent travailler simultanément sur une copie du *repository* et transmettre leurs modifications.

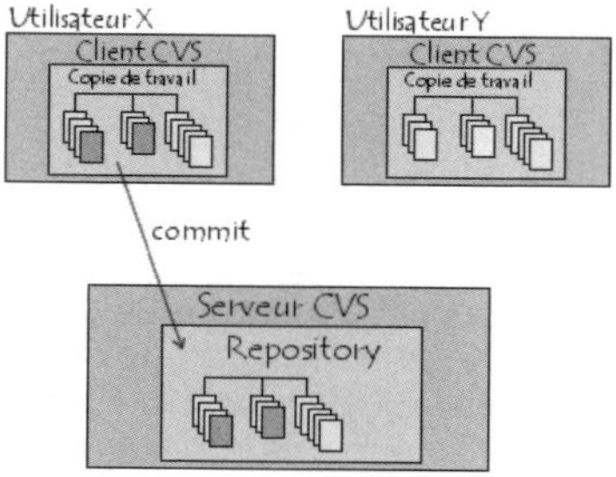

Update

S'il arrive qu'un utilisateur tente de transmettre ses modifications alors qu'un autre utilisateur a lui-même modifié ce fichier précédemment, CVS va détecter un **conflit**. Si les modifications portent sur des parties différentes du fichier, le système CVS peut proposer une fusion des modifications, grâce à une opération appelée **diff**, sinon CVS va demander à l'utilisateur de fusionner manuellement les modifications. Il est à noter que les fusions ne peuvent s'appliquer qu'aux fichiers textes. CVS peut toutefois gérer des fichiers binaires dans sa base, mais il n'a pas été prévu dans ce but. Les modifications apportées par les autres utilisateurs ne sont pas automatiquement répercutées par CVS sur la copie locale, il est donc nécessaire, avant chaque modification de fichier, de mettre à jour sa copie de travail grâce à une opération appelée **update**, afin de limiter les risques de conflits.

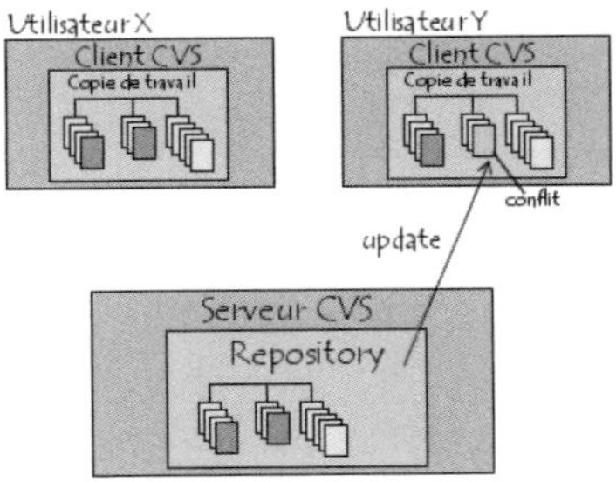

Release

Enfin, lorsque l'utilisateur a terminé son travail et qu'il a envoyé au serveur CVS toutes les modifications apportées, il peut s'il le désire vider son répertoire de travail grâce à l'opération baptisée **release**.

Client/serveur CVS

CVS est prévu à l'origine pour fonctionner en ligne de commande, avec les différentes commandes évoquées précédemment. Il existe toutefois un certain nombre de **clients CVS** graphiques :

- **CVSWeb** qui est une interface web permettant d'accéder au *repository* et de voir les versions des différents fichiers qui le composent : www.freebsd.org/projects/cvsweb.html.
- **TortoiseCVS** qui est un client graphique intégré à Windows permettant d'effectuer les différentes opérations grâce au menu contextuel associé au bouton droit de la souris dans l'explorateur : www.tortoisecvs.org.

Le **serveur CVS**[1] est disponible, sous licence libre, pour un grand nombre de systèmes d'exploitation : Unix AIX, Unix HP-UX, Linux, SGI, Sun Solaris, Windows (win32).

1. Le code source ainsi que des versions binaires (exécutables) du serveur CVS sont téléchargeables sur http://www.cvshome.org.

.class 8
.exe 5
.exo 77
.HQX 26
θ-jointure 140
.NET 218
.xsl 195

A

accesseur 97
acteur principal 117
Ada 9
administrateur de la base de données 156
adresse 60
advertising 179
AG 211
Agile Modeling 211
AGL 207
agrégation 170
algorithme 4
alias 81
analyse 3
analyseur syntaxique 202
API 76
  DOM 203
  SAX 203
arbre
  binaire 66
  des éléments 184
architecture orientée services 178
argument 73
arrêt inconditionnel 45
ASCII
  caractères de contrôle 21
  étendu 21
  majuscules 21
  minuscules 21
assertions 151
atelier de génie logiciel 207
attributs 93

B

balise 181
base
  binaire 11
  décimale 11
  hexadécimale 16
Base 64 24
base de données 119
  ANSI/SPARC 121
  gestion de la ~ 120
  index 153
  locale 120
  modèles 122
  répartie 120
  vue 152
Basic 9
Baudot Émile 20
BD 119
Bell Graham 20
binaire
  addition 15
  multiplication 15
  opération 15
binary digit 11
binder 5
BinHex 25
bistable 12
bit 11
  de parité 27
  de poids faible 15
  de poids plus fort 15
  poids des ~ 12
blocs 60
boucle 43
  infinie 44
`break` 45
Byte 14
byte 13, 14
bytecode 8

C

C 9, 49
C# 220
C++ 9
cahier des charges
  fonctionnelles 111
caractère 20
  classe de ~ 89
  de contrôle 21, 64
  spécial 33, 88
cardinalité 169
cas d'utilisation 117
case sensitive 32
casse 32
CdCF 111
CETE 160
chaîne de caractères 63
  création 64
  initialisation 64
champs de la structure 56
`char` 63

checkout 224
checksum 27
chemin 78
classe 94
  arborescence de ~ 100
  d'agrégation 174
  d'entité 167, 173
  d'entité agrégeante 170
  d'entité agrégée 170
  de caractères 89
  de relation 168, 173
  dérivation de ~ 99
  hiérarchie de ~ 100
  instanciation 94
  spécialisation 102
  superclasse 100
clé
  étrangère 150
  primaire 150
CLR 219
CML 183
Cobol 9
codage
  Base64 24
  binaire 11
  BinHex 25
  hexadécimal 16
  Quoted-Printable 23
code
  ASCII 21
  ASCII étendu ANSI 22
  ASCII étendu OEM 22
  de contrôle 29
  EBCDIC 23
  source 5
codification 17
commentaires 40
commit 224
compilateur 4
compilation 3
complément à deux 17
composant
  métier 217
  web 217
compteur 43
constantes 33
constructeur 103
  par défaut 103
  sans argument 103
`continue` 44
contrainte
  d'égalité sur relations 166
  d'égalité sur rôles 165
  d'exclusion sur relations 165
  d'exclusion sur rôles 164
  d'intégrité 148
  de sous-ensemble sur relations 166
  de sous-ensemble sur rôles 164
  de totalité sur rôles 163
  sur relations 165
  sur rôles 163
contrôle

d'erreurs 26
de parité 27
de parité croisé 28
de redondance cyclique 29
de redondance longitudinale 28
CRC 29
CSS 183
CTI 160
CVS 223
client 225
serveur 226
CVSWeb 226

D

database 119
DB 119
DBA 156
DBMS 120
DCL 130
dead line 112
déclaration 71
déclencheurs 150
dérivation de classe 99
descripteur 79
de fichier 79
Design Patterns 213
destructeurs 105
développement logiciel 1
diagramme
conceptuel de flux 163
de contexte 162
diff 225
DOM 203
domaine 93, 124
données membres 94
dossier 77
drapeau 84
droits 157
DSDM 212
DSSSL 192
DTD 186
dword (double word) 13

E

ECMA 218
éditeur de liens 5
édition de liens 4
EJB 217
encapsulation 95
encoding 184
entier
naturel 17
relatif 17
entité 167, 189
caractère 191
classe d'~ 167

externe 190
générale 189
indépendante 170
paramètre 190
entrée standard 79
équijointure 140
erreur standard 79
espace de noms 192
événement 172
externe 172
interne 172
expression régulière 84

F

false 41
FCL 220
fclose() 81
FCS 29
feof() 82
fgets() 81
fichier 77
65
descripteur de ~ 79
en assembleur 5
exécutable 5
objet 5
source 4
file 77
filehandle 79
flag 84
folder 77
fonction 71
appel 72
argument 73
déclaration 71
fclose() 81
feof() 82
fgets() 81
fopen() 80
fputs() 81
fwrite() 81
is_dir() 83
is_executable() 83
is_file() 83
is_link() 84
membre 94
prototype de ~ 73
récursive 71
surcharge 76
fopen() 80
for 43
Fortran 9
fputs() 81
frames 29
framework 215
.NET 218
fwrite() 81

G-H

gâchettes 150
GED 182
généricité 102
génie logiciel 207
getter 97
gibi 14
handle 79
héritage 99
  multiple 100

I

identifiant 170
  absolu 170
identification relative 170
IEC 13
`if` 41
`if ... else` 42
IHM 218
index SQL 153
indice 52
inheritance 99
instruction 31
  bloc d'~ 32
  `break` 45
  continue 44
  de branchement 31
  `for` 43
  `if` 41
  `if ... else` 42
  `return` 74
  `switch` 46
  `while` 44
intégrité 26
  contrainte d' 148
interfaces 95
interpréteur 4
interrupteurs 11
`is_dir()` 83
`is_executable()` 83
`is_file()` 83
`is_link()` 84

J-K

J2EE 216
  API 216
  SDK 216
J2ME 215
J2SE 215
JAAS 217
Java 9
  Framework 215

machine virtuel 215
JavaMail 217
JCA 217
JDBC 217
JMS 217
JMX 217
JNDI 217
jointure 140
JSP 217
JTA/JTS 217
JVM 215
kibi 14

L

langage
C 49
C# 220
compilé 7
de programmation 3
fonctionnel 6
impératif 6
informatique 5
intermédiaire 7
interprété 7
machine 4
non typé 32
procédural 6
SQL 129
typé 32
Visual Studio .NET 220
LDD 129
liens 66
linker 5
Lisp 9
liste
chaînée 66
chaînée double 69
LMD 129
logiciel, cycle de vie 208
logique
applicative 217
métier 217
LRC 28

M

machine virtuelle 9
`malloc()` 67
mantisse 19
markup 181
Mathematica 9
MathML 183
Matlab 9
matrice 54
MCC 161
MCD 161, 167
MCT 171
mébi 14

métalangage 181, 192
métamodèle 110
méthode 94
  agile 211
  BOOCH'93 107
  de développement rapide d'applications 211
  DSDM 212
  du Processus Unifié 212
  MERISE 159
  OMT 107
  OOSE 107
  RUP 212
  XP 212
modèle
  conceptuel de la communication 161
  conceptuel des données 167
  conceptuel des traitements 171
  de conception 213
  de cycle de vie 209
  en cascade 209
  en V 210
  logique des données 173
  organisationnel des traitements 172
  physique 174
  relationnel 124
modélisation
  d'une classe 115
  objet 107, 112
  relationnelle 124
morse 20
Morse Samuel 20
MOT 172
mot 13
  de code 27
  double 13
  réservé 33
motif 84
  de comportement 214
  de conception 213
  de création 213
  de structuration 214
  MVC 214
  Proxy 214
MSIL 219
multiplicande 15
Murray Code 20
mutateur 98

N

NaN 19
`new` 104
nœuds 66
nombre réel 18
non-validating 202
n-uplet 125

O

objet 93
  identité 94
  programmation orientée ~ 93
occurrence 85
octet 13, 14
OFX 183
OMG 109
opérandes 31
opérateur 34
  binaire 34
  bit-à-bit 38
  booléen 37
  d'affectation 35
  d'incrémentation 36
  de calcul 34
  de comparaison 36
  de manipulation de chaînes de caractères 40
  de rotation de bit 39
  logique 37
  `sizeof()` 51
  ternaire 34
  unaire 34
opérations
  calculatoires 127
  dérivées 126
  ensemblistes 126, 143
  unaires 126
overloading 101
overriding 102

P

paramètres 73
parenthèses 86
  capturantes 86
parser 202
parseur 202
  non validant 202
  validant 202
Pascal 9
path 78
pattern 84, 196
Perl 9
permissions 153
PHP 9
poids 12
pointeur 59
  courant 68
  de tête 67
  déclaration 61
  initialisation 62
point-virgule 31
polymorphisme 101
  ad hoc 101
  d'héritage 102
  paramétrique 102
polynôme générateur 30
portabilité 9

portée des variables 75
privilèges 157
procédure 71
processus 172
produit cartésien 124
programmation 3
  langage de ~ 3
  orientée objet 93
programme informatique 4
projection 132
Prolog 9
pseudo-code 8
publication 179

Q-R

Quoted-Printable 23
racine 78
RAD 211
récursivité 6
redéfinition 102
redondance 27
registre 179
registry 179
règles de gabarit 195
release 225
répertoire 77
  de travail 224
  parent 78
  racine 78
repository 179, 223
représentation
  d'un entier naturel 17
  d'un entier relatif 17
  d'un nombre 17
  d'un nombre réel 18
  des caractères 20
reserved words 33
restriction 134
`return` 74
RMI-IIOP 217
root directory 78
RUP 212

S

sandbox 224
saut inconditionnel 44
SAX 203
schéma
  d'une base de données relationnelle 125
  d'une relation 125
SDK 219
services web 176
servlets 217
setter 98
SGBD 120
  externe 121
  interne 121

SGBDO 123
SGBDR 123
SGML 182
signature 102
Simula 93
sizeof() 51
Smalltalk 93
SMIL 183
SOA 178
SOAP 177
software engineering 207
software lifecycle 208
somme de contrôle 27
sortie standard 79
sous-requête 142
spécialisation 102
SQL 129
  ALL 132
  AS SELECT 147
  AVG 139
  BETWEEN 136
  COMMENT 154
  COUNT 139
  CREATE TABLE 147
  CREATE VIEW 152
  DEFAULT 148
  DELETE 146
  DISTINCT 132
  DROP 154
  EXCEPT 144
  gestion des permissions 156
  GRANT 156
  GROUP BY 139
  IN 136
  INDEX 153
  INSERT 145
  INTERSECTION 144
  INTO 145
  LIKE 135
  MAX 139
  MIN 139
  NULL 137
  ORDER BY 137
  REVOKE 156
  SELECT 132, 145
  SUM 139
  trigger 150
  UNION 143
  UPDATE 146
  VALUES 145
  vues 152
  WHERE 134, 140
STDERR 79
STDIN 79
STDOUT 79
stick man 117
string 63
structure
  autoréferrentielle 65
  champs de la ~ 56
  conditionnelle 41
  de boucle 41, 43
  de données 49, 56
  déclaration 56
  récursive 65

tableaux de ~ 59
superclasse 100
surcharge 101
de fonction 76
`switch` 46
`switch...case` 46
synchronisation 172
syntaxe 32
système d'information 119, 159

T

table 54
tableau 49
de structures 59
multidimensionnel 54
taille 51
unidimensionnel 50
tag 181
tébi 14
template 102
template rules 195
test
d'intégration 209
unitaire 208
TortoiseCVS 226
trames 29
trigger 150
ON DELETE 151
ON UPDATE 151
true 41
tuple 125

U

UDDI 178
UML 110
Unicode 23
UP 212
update 225
use case 117

V

validating 202
variable 32
globale 75
locale 75
pointée 63
portée 75
structurée 58
visibilité 75
vecteur 50
Visual Studio .NET 220
VRC 27
vue 152

W

Web Services 175, 176
while 44
WinForms 219
word 13
working copy 224
WSDL 178
WSOA 179

X

XML 181
    arbre des éléments 184
    attribut 188
    DTD 185
    entité 189
    entité caractère 191
    entité externe 190
    entité générale 189
    entité paramètre 190
    espace de noms 192
    langages 182
    parser 202
    structure d'un document 184
    XSL 192
XML-RPC 177
XP 212
Xpath 196
XSL 183, 192
XSL/FO 194
XSLT 183, 193